유머로 배우는 프랑스어

저자 박만규

서출판 씨엘

●●● 학습자 여러분께 ●●●

이 책은 유머를 통해서 프랑스어를 배울 수 있도록 하기 위해 씌여졌습니다.

왜 하필 유머일까요?
여기에는 3 가지 이유가 있습니다.

첫째는 학습방법이라는 측면과 관련된 것입니다. 흔히 프랑스어는 어렵다고들 합니다. 그러나 프랑스어가 어렵게 느껴지는 가장 큰 이유는 우리가 프랑스어를 어렵게 배우고 있기 때문이라 할 수 있습니다. 그러니까 프랑스어가 쉽고 어려운 것이 아니라 학습방법이 쉽거나 어려울 뿐이라는 것입니다. 우리는 어떤 것을 선택해야 할까요? 물론 쉬운 학습법을 선택해야죠. 유머를 통한 학습은 쉽습니다. 또 재미있기까지 합니다. 바로 이 때문에 최근의 외국어 학습에서 유머는 더 이상 그저 '우스운 이야기'가 아니라 '하나의 학습방법', 그것도 매우 효과적인 학습방법으로 그 비중을 넓혀가고 있는 것입니다.

둘째는 표현력의 향상과 관련된 것입니다. 외국어를 구사능력의 수준은 크게 다음의 네 가지로 구분할 수 있습니다.

1) 일상적인 상황에 대응할 줄 아는 수준
2) 프랑스인과 일상적인 상황이나 행위를 주제로 대화를 나누는 수준
3) 추상적인 주제에 대해 의견을 주고 받는 수준.
4) 다소 전문적인 주제의 대화에도 참여할 수 있는 수준

불행하게도 우리 나라에 있는 대부분의 프랑스어 학습자는 1)의 수준을 벗어나지 못하고 있습니다. 또 대부분의 프랑스어 학습서도 1)의 수준과 관련된 것들입니다. 1) 수준의 프랑스어로는 혼자서 생활하는 데는 그다지 문제가 없습니다. 그러나 프랑스인과 대화를 나누려면 어느

정도의 의사소통 능력을 갖추지 않으면 안 되는데, 그렇지 않으면 스트레스를 받고 좌절감을 갖게 됩니다.

이 책은 프랑스어의 수준을 2)단계로 끌어 올릴 수 있도록 도와 주기 위해 씌여졌습니다. 2)단계의 회화에는 유머가 가장 적격입니다. 왜냐하면 유머에는 일상적인 행위 묘사와 상황에 대한 설명이 근간을 이루고 있기 때문입니다.

이 책이 유머를 선택한 세 번째 이유는 유머 그 자체가 필요하기 때문입니다. 우리 나라 사람들은 둘이 만나면 일단 술을 찾습니다. 술은 대화의 좋은 윤활유 역할을 하기 때문이죠. 그리고 셋 이상이 모여서 어느 정도 시간이 경과하면 반드시 노래를 부르게 되어 있습니다. 그렇게 놀아야 제대로 논 것 같은 생각이 들기도 합니다.

그러면 프랑스인들은 어떨까요? 물론 그들도 둘만 모였다 하면 포도주잔을 기울입니다. 그러나 셋 이상 모이면 그저 끝없는 수다(?)에 들어갑니다. 거의 노래를 부르는 일이 없습니다. 그렇다면 그들이 대화의 종착역으로 삼는 것은 무엇일까? 그것은 재미있는 얘기, 즉 유머입니다. 일정 시점이 오면 많은 경우 유머 시간이 오는 것입니다. 이 때 재미있는 얘기 한두 가지 정도는 준비해 두었다가 풀어놓아야 합니다. 그렇지 않으면 대단히 멋적은 상황에 빠지게 되고 맙니다. 반대로 재미있는 얘기로 히트를 치게 되면 동석했던 사람들로부터 다음 번에 초대를 받게 됩니다. 그네들은 재미있는 사람을 좋아하기 때문입니다. 심각한 표정을 짓고 유머감각없는 사람은 좋아하지 않는 것입니다.
그러니까 유머를 통해 프랑스어를 배우게 되면 프랑스인과 대화를 나눌 때 곧바로 화제로 이용할 수 있는 이점도 얻게 된다는 것입니다.

이 책의 유머들은 모두 현재형으로 되어 있습니다. 그것은 프랑스인들이 재미있는 얘기를 할 때 늘 그렇게 하기 때문입니다. 문법책에 나오는 소위 '역사적 현재(présent historique)'라는 시제이지요. 재미있는 얘기뿐만 아니라 상대에게 어떤 과거의 이야기를 할 때도 이 '역사적 현재'를 써서 표현하기를 즐깁니다. 현재형으로 말하면 훨씬 생생하고 실감나게 전달할 수 있기 때문이죠. 프랑스어의 특징 가운데 하나인 것입니다. 그러니 여러분들도 이 책에 나와 있는 대로 외워서 쓰도록 하시기 바랍니다.

  이 책은 메모리 베이스로 제작되어 있으므로 그냥 따라 읽기만 하면 프랑스어 표현이 그대로 기억될 것입니다. 그러나 반드시 소리 내어서 따라 읽기 바랍니다. 우리말과 프랑스어를 함께 읽습니다. 그러다 보면 저절로 암기가 될 것입니다. 그럼, 이 책이 여러분의 프랑스어 실력 향상에 도움이 되기를 바랍니다.

2023년 8월
저자 **박 만 규**

목 차

학습자 여러분께 ·· 5

1부 : 교육 (L'ENSEIGNEMENT) ··· 11

1. 효심 (La piété filiale) ·· 12

2. 네가 가져도 돼! (Tu peux les garder !) ························· 17

3. 이런 멍청이 같으니 (Espèce d'andouille) ······················ 20

4. 학교 가기 싫어요 (Je ne veux pas aller à l'école !) ········ 26

5. 인류의 기원 (Les origines de l'Homme) ······················· 31

2부 : 결혼 (LE MARIAGE) ·· 37

1. 청춘 사업 어떻게 되어 가고 있어?
   (Comment vont les amours ?) ······································ 38

2. 내가 첫 번째 남자니? (Je suis le premier ?) ·················· 47

3. 젊은 가톨릭 신자 아가씨 (Une jeune fille catholique) ········· 51

4. 서로 싸우는 대신 (Au lieu de s'engueuler) ···················· 57

5. 나 때문이야. (C'était à cause de moi.) ·························· 61

6. 사랑은 돈과 바꿀 수 없어.

   (L'argent ne remplace pas l'amour.) ·················· 70

3부 : 병원 (L'HOPITAL) ·················· 79

1. 그렇게 심각한가요? (C'est si grave ?) ·················· 80

2. 걱정하지 말아요. (Ne vous inquiétez pas.) ·············· 87

3. 걱정하지 말아요 II (Ne vous inquiétez pas II) ············ 91

4. 젊은 의사의 허풍 (La vantardise d'un jeune médecin) ········ 97

5. 두통 (Mal de tête) ·················· 112

4부 : 구두쇠 (LES AVARES) ·················· 115

1. IMF식 건강진단 (Un examen médical à la *FMI*) ·········· 116

2. 좀 깎아 주나요? (Vous me faites une réduction ?) ········ 130

3. 맥주 한 병 달라고 10번이나 말했잖아요 !

   (Voilà dix fois que je vous demande une bière !) ········ 134

4. 10분이면 몸이 따뜻해져요.

   (En dix minutes, je suis réchauffée) ·················· 140

5. 히틀러가 자살한 이유 (Pourquoi Hitler s'est suicidé ?) ········ 149

5부 : 기타 (DIVERS) ········· 155

1. 결자해지(結者解之) (Le fauteur doit réparer sa faute.) ········· 156

2. 의좋은 삼형제 (Les trois bons frères) ········· 162

3. 영리한 경주마 (Un cheval de course intelligent) ········· 171

4. 마크롱과 음바페 (Macron et Mbapé) ········· 181

5. 왜 나만 잡아요? (Pourquoi vous n'arrêtez que moi ?) ········· 185

6. 카페 「사무실」 (Café *Le Bureau*) ········· 192

연습문제 ········· 203

연습 문제 ········· 204

연습 문제 풀이 ········· 215

1부 : 교육
L'ENSEIGNEMENT

1. 효심
La piété filiale

A 한국어로!

분명히 성적표가 나올 때가 된 것 같은데 Gabriel이 성적표를 내놓지 않자 어머니가 물었다.
"왜 성적표를 보여주지 않니?"
"그냥 선생님의 가르침을 제대로 실천하느라고요."
"그게 무슨 소리냐?"
"선생님께서 오늘 그러셨거든요. 부모님께 걱정 끼쳐 드리는 일을 해서는 안 된다고요."

B 번역 공부

1. 분명히 성적표가 나올 때가 된 것 같은데 Gabriel이 성적표를 내놓지 않자 어머니가 물었다.

▶ 단어와 표현
~할 때이다 : il est temps de ~

이제 떠날 시간이다.
Il est apparemment temps de partir.

분명히 : apparemment
성적표 : un bulletin scolaire
성적표가 나오다 → 성적표를 제시하다[내놓다] présenter son bulletin scolaire
한국어와 달리, 프랑스어에서는 사람의 행위로 볼 수 있는 것은 사람을 주어로 하는 행위로 표현하는 것이 자연스러운 경우가 많다.

성적표를 내놓지 않자 : comme il ne le fait pas
'성적표를 내놓지 않자'는 이유를 나타내므로 comme를 앞세워서 표현할 수 있으며, '내놓지 않는 행위'를 présenter로 동일한 동사를 반복하는 대신, '그렇게 하다'를 뜻하는 le faire를 쓰는 것이 좋다. 혹은 한 발 더 나아가서 행동이 늦어진다는 의미로 tarder à를 써서 comme il tardait à le faire를 쓰면 더욱 좋겠다.

▶ 문장
분명히 성적표가 나올 때가 된 것 같은데 Gabriel이 성적표를 내놓지 않자 어머니가 물었다.
⇒ Il est apparemment temps pour Gabriel de présenter son bulletin scolaire, et comme il ne le fait pas,

2. 왜 성적표를 보여주지 않니?

▶ 단어와 표현
보여주다 : montrer

▶ 문장
왜 (나에게 네) 성적표를 보여주지 않니?
⇒ pourquoi ne me montres-tu pas ton bulletin ?

3. 그냥 선생님의 가르침을 제대로 실천하느라고요.

▶ 단어와 표현
그냥 : tout simplement
선생님의 가르침 : les enseignements de mon [notre] professeur
제대로 실천하다 : pratiquer correctement
'정확하게 적용하다'라는 의미로 appliquer correctement을 써도 좋다.

▶ 문장
그냥 선생님의 가르침을 제대로 실천하느라고요.
⇒ Tout simplement parce que je pratique correctement les enseignements de notre professeur.

4. 그게 무슨 소리냐?

▶ 단어와 표현
그게 무슨 소리냐? : Qu'est-ce que tu veux dire ? / Comment ça ?
'Comment ça ?'는 상대방의 말이 도저히 이해되지 않을 때 하는 전형적 표현이다.

▶ 문장
그게 무슨 소리냐?
⇒ Qu'est-ce que tu veux dire ?

5. 선생님께서 오늘 그러셨거든요. 부모님께 걱정 끼쳐 드리는 일을 해서는 안 된다고요."

▶ 단어와 표현
~에게 걱정을 끼치다 : inquiéter ~
~해서는 안 된다 : il ne faut pas 부정법
 여기서 그 어떤 것도 안 된다는 관념을 나타기 위해 rien을 쓰면 pas를 쓸 수 없어 il ne faut rien faire가 된다.
 그리고 여기서 걱정 끼치는 행위는 실제 있는 행위가 아니라 가능성이 있는 행위이므로 조건법 혹은 접속법을 써서 나타낸다. 그래서 qui pourrait [puisse] inquiéter가 된다.

▶ 문장
선생님께서 오늘 그러셨거든요. 부모님께 걱정 끼쳐 드리는 일을 해서는 안 된다고요."
⇒ Notre professeur nous dit toujours qu'il ne faut rien faire qui pourrait inquiéter nos parents.

C 프랑스어로 !

Il est apparemment temps pour Gabriel de présenter son bulletin scolaire. Mais comme il ne le fait pas, sa mère lui demande : « Pourquoi ne me montres-tu pas ton bulletin ? »

« Tout simplement parce que je pratique correctement les enseignements de notre professeur. »

« Qu'est-ce que tu veux dire ? »

« Notre professeur dit toujours qu'il ne faut rien faire qui pourrait inquiéter nos parents. »

2. 네가 가져도 돼!
Tu peux les garder !

A 한국어로!

아이가 아빠에게 말한다.
"아빠, 어젯밤에 제가 아빠 말씀 잘 들었더니 아빠가 저한테 20유로를 주시는 꿈을 꿨어요!"
아빠가 아이에게 말한다.
"정말 아빠 말 잘 들었니?"
"네!"
"그럼 그 돈 가져도 된다!"

B 번역 공부

1. "아빠, 어젯밤에 제가 아빠 말씀 잘 들었더니 아빠가 저한테 20유로를 주시는 꿈을 꿨어요!"

▶ 단어와 표현
어젯밤에 : cette nuit, la nuit dernière
아빠 말씀 잘 듣다 : être gentil(le) avec papa, être sage

'아빠 말씀을 잘 듣다'는 아빠에게 복종했다는 뜻이므로 obéir à papa라고 해도 좋고 écouter bien을 써도 좋다. 보다 넓게 être gentil(le)이라고 해도 좋다. 또는 être sage라고 해도 좋다. 부모님 말씀 잘 듣는 것이 똑똑하고 현명한 아이라는 뜻이다. 그래서 프랑스 엄마가 아이에게 흔히 말썽 피우지 않고 어른 말씀 잘 들으라는 의미로 "Sois sage !"라고 한다.

~하는 꿈을 꾸다 : rêver que + 절
'꿈을 꾸다'는 rêver 혹은 faire un rêve라고 할 수 있는데 꿈의 내용까지 이야기할 때는 rêver 뒤에 que절을 붙이면 된다.

20유로를 주다 : que tu me donnais vingt euros
여기서는 주절이 과거이므로 시제의 일치에 따라 (주절과 같은 시간대의 일이므로) 반과거(donnais)로 써야 한다. 같은 이유로 être gentil 도 que j'étais gentil(반과거)가 된다.

▶ 문장
"아빠, 어젯밤에 제가 아빠 말씀 잘 들었더니 아빠가 저한테 20유로를 주시는 꿈을 꿨어요!"
⇒ « Papa, cette nuit j'ai rêvé que j'étais gentil et que tu me donnais vingt euros ! »

2. "정말 아빠 말 잘 들었니?"

▶ 단어와 표현
정말 : vraiment

▶ 문장
"정말 아빠 말 잘 들었니?"
⇒ « T'as été vraiment sage ? »

3. "그럼 그 돈 가져도 된다!"

▶ 단어와 표현
가지다 : garder

avoir는 단지 수중에 갖고 있다는 뜻이라 여기에는 맞지 않고, 이처럼 소유권을 넘겨 받는다는 뜻일 때는 garder를 쓴다.

▶ 문장
"그럼 그 돈 가져도 된다!"
⇒ « Alors tu peux les garder ! »

C 프랑스어로 !

L'enfant dit à son père : « Papa, cette nuit j'ai rêvé que j'étais gentil et que tu me donnais vingt euros ! »

Le père lui dit : « T'as été vraiment sage ? »

« Ouuiiiiiiii !! »

« Alors tu peux les garder ! »

3. 이런 멍청이 같으니
Espèce d'andouille

A 한국어로!

어느 날 저녁 Jean은 학교에서 숨을 헐떡거리며 아주 기분 좋게 돌아와서는 아빠에게 말한다.
"아빠, 오늘 저녁 학교에서 돌아오는데요, 버스를 타지 않고 집에 올 때까지 뛰어서 뒤따라왔어요. 그래서 2유로를 절약했어요."
"이런 멍청이 같으니, 차라리 택시 뒤를 뛰어왔어야지! 그러면 최소한 20유로는 절약했을 텐데."

B 번역 공부

1. 어느 날 저녁 Jean은 학교에서 숨을 헐떡거리며 아주 기분 좋게 돌아와서는 아빠에게 말한다.

▶ 단어와 표현

어느 날 저녁 : un soir

시간을 나타내는 부사어는 문장 앞이나 중간, 문장 끝 등 어떤 곳에 두어도 상관없다.

숨을 헐떡거리다 : respirer court, haleter, respirer avec peine, s'essouffler

숨을 헐떡거리는 것은 단일 동사 haleter 또는 s'essouffler 외에, 숨을 짧게 쉰다는 뜻의 respirer court와 힘겹게 숨을 쉰다는 뜻의 respirer avec peine을 쓸 수 있다. 그리고 그러한 상태에 있다는 것은 avoir le souffle court, avoir l'haleine courte 같은 표현을 쓸 수 있다.

그런데 이처럼 '숨을 헐떡거리며'라고 부사적으로 쓰려 할 때는 tout essoufflé(e)를 쓰는 것이 좋겠다.

아주 기분 좋게 : tout [très] content(e)

'그는 기분이 좋다'라고 한다면 'Il se sent bien.'이라 하거나 만족한다는 뜻으로 'Il est content.'이라고 하면 된다. 그런데 여기서는 '아주 기분 좋게'라고 하여 부사적인 표현이므로 content(e)이라고만 해도 되는데, 여기서 content을 강조하는 부사로 très도 쓸 수 있을 것이고 tout를 쓸 수도 있다. 그런데 이때 tout 다음에 형용사가 올 경우 뒤에 자음·유성 h로 시작하는 여성형용사 앞에서는 toute, toutes로 변화한다.

*Elle est **toute** contente.* 그녀는 매우 만족한다.
*Elles étaient **toutes** honteuses.* 그녀들은 매우 창피했다.

그러나 모음으로 시작하는 여성 형용사 앞에서는 변화하지 않는다.

*Elle est **tout** émue.* 그녀는 매우 감격했다.
*Elle est **tout** heureuse.* 그녀는 매우 행복했다.

학교에서 돌아오다 : rentrer de l'école

▶ 문장
어느 날 저녁 Jean은 학교에서 숨을 헐떡거리며 아주 기분 좋게 돌아와서는 아빠에게 말한다.
⇒ Jean rentre un soir de l'école, tout essoufflé et tout content, et dit à son père :

2. 아빠, 오늘 저녁 학교에서 돌아오는데요, 버스를 타지 않고 집에 올 때까지 뛰어서 뒤따라왔어요.

▶ 단어와 표현
학교에서 돌아오는데 : en rentrant de l'école
버스를 타지 않고 → 버스를 타는 대신에 : au lieu de prendre l'autobus
집에 올 때까지 : jusqu'à la maison, pendant tout le trajet
모든 여정 동안에 해당하는 'pendant tout le trajet'도 프랑스어적인 표현이어서 좋다.

뛰어서 뒤따라 오다 : courir derrière

▶ 문장
아빠, 오늘 저녁 학교에서 돌아오는데요, 버스를 타지 않고 집에 올 때까지 뛰어서 뒤따라왔어요.
⇒ Papa, ce soir, en rentrant de l'école, au lieu de prendre l'autobus, j'ai couru derrière pendant tout le trajet

3. 그래서 2유로를 절약했어요.

▶ 단어와 표현
절약하다 économiser
그래서 → 그렇게 해서 : comme ça

▶ 문장
그래서 2유로를 절약했어요.
⇒ comme ça, j'ai économisé deux euros !

4. 이런 멍청이 같으니, 차라리 택시 뒤를 뛰어왔어야지!

▶ 단어와 표현
이런 멍청이 같으니 : espèce d'andouille
'espèce d'idiot'(바보 같으니), 'espèce de fou'(미친 놈 같으니)와 같은 식으로 쓴다.

~했어야지 : tu aurais dû + 부정법 동사
상대가 과거에 하지 않아 나무라는 행위를 나타내는 '너는 ~했어야 했다'는 프랑스어로 '너는 ~해야 한다'를 뜻하는 'tu dois'의 조건법 과거 'tu aurais dû'로 표현한다.

그(녀)가 그러지 못하게 말렸어야지. *Tu aurais dû l'en empêcher.*
진작에 나한테 얘기를 하지. *Tu aurais dû me le dire plus tôt.*

차라리 : plutôt

▶ 문장
이런 멍청이 같으니, 차라리 택시 뒤를 뛰어왔어야지!
⇒ - Espèce d'andouille, tu aurais dû plutôt courir derrière un taxi !

5. 그러면 최소한 20유로는 절약했을 텐데.

▶ 단어와 표현
~했을 텐데 : Tu aurais + 과거분사
'~했을 텐데'는 과거에 하지 못한 일(상대에 대한 나무람 혹은 자신에 대한 후회)을 표현하는데, 이는 프랑스어에서 동사를 조건법 과거로 놓아서 표현한다. 그래서 위의 4.에서 '~했어야지'를 '해야 한다'를 뜻하는 devoir의 조건법 과거인 aurais dû로 나타낸 것이다. 여기서는 동사가 '절약하다'이므로 이를 조건법 과거로 놓아 tu aurais économisé로 나타내야 한다.

* 적어도 : au moins

▶ 문장
그러면 최소한 20유로는 절약했을 텐데."
⇒ Tu aurais économisé au moins vingt euros !

C 프랑스어로!

Jean rentre un soir de l'école, tout essoufflé et tout content, et dit à son père :

- Papa, ce soir, en rentrant de l'école, au lieu de prendre l'autobus, j'ai couru derrière pendant tout le trajet et, comme ça, j'ai économisé deux euros !

- Espèce d'andouille, (tu aurais dû / tu aurais pas pu) plutôt courir derrière un taxi ! Tu aurais économisé au moins vingt euros !

4. 학교 가기 싫어요
Je ne veux pas aller à l'école !

A 한국어로!

어느날 아들이 어머니에게 떼를 쓰기 시작했다.
"엄마, 나 학교 안 갈래요. 가기 싫어요."
"왜 그래? 무슨 일이야? 이유가 뭐야?"
"애들이 나랑은 안 놀아주고 자꾸 왕따시킨다 말이에요."
그러자 어머니가 한숨을 쉬며 타이르듯 말한다.
"그래도 가야지. 니가 선생님인데 어떡하겠니..."

B 번역 공부

1. 어느날 아들이 어머니에게 떼를 쓰기 시작했다.

▶ 단어와 표현
  어느날 : un jour
  아들 : un fils
  ~하기 시작하다 : commencer à + 부정법 동사;
                  se mettre à + 부정법 동사
  ~에게 떼를 쓰다 : pleurnicher auprès de + *qn*

▶ 문장
  어느날 아들이 어머니에게 떼를 쓰기 시작했다.
  ⇒ Un jour, un fils se met à pleurnicher auprès de sa mère.

2. "엄마, 나 학교 안 갈래요. 가기 싫어요."

▶ 단어와 표현
  나 학교 안 갈래요 : je ne vais pas à l'école
  이 번 한 번 안 가는 것이 아니라 앞으로도 계속 안 갈 거라는 의미를 나타내려면 'je ne veux plus aller à l'école'이라 하면 된다.

  가기 싫어요 : je n'en ai pas envie
  물론 '가기 싫어요'는 je ne veux pas y aller라고 할 수 있다. 그런데 vouloir 대신 avoir envie de를 써서 표현할 수도 있으므로 je n'ai pas envie d'y aller라고 할 수도 있다. 다만 이때 d'y aller를 en으로 받아서 je n'en ai pas envie라고 할 수 있다.

▶ 문장
"엄마, 나 학교 안 갈래요. 가기 싫어요."
⇒ « Maman, je ne veux plus aller à l'école, je n'en ai plus envie.»

3. "왜 그래? 무슨 일이야? 이유가 뭐야?"

▶ 단어와 표현
무슨 일이야? : Qu'est-ce qui ne va pas ?
이처럼 상대방에 어떤 문제가 있는 것 같을 때 보통 Qu'est-ce qu'il y a ? 혹은 Qu'est-ce que tu as ?라고 할 수도 있다.

이유가 뭐야? : Quelle en est la raison ?
'그 이유가 뭐야'라고 하면 Quelle est la raison de cela ?인데 이때 de cela를 en으로 받은 것이다.

▶ 문장
"왜 그래? 무슨 일이야? 이유가 뭐야?"
⇒ « Pourquoi ? Qu'est-ce qui ne va pas ? Quelle en est la raison ? »

4. "애들이 나랑은 안 놀아주고 자꾸 왕따시킨다 말이에요."

▶ 단어와 표현
~와 놀다 : jouer avec *qn*
자꾸 ~하다 : n'arrêter pas de ~
'~하기를 그치지 않다'라는 뜻의 'n'arrêter pas de ~'를 이용하여 표현해 보자.

~를 왕따시키다 : rejeter ~

'왕따시키다'는 사람을 내친다는 뜻의 rejeter를 쓰거나 laisser ~ de côté라고 해도 좋겠다.

~다 말이에요 : parce que ~

이는 이유를 나타내는 말이므로 parce que로 표현하면 된다. 그런데 프랑스어에서 접속사가 두 번 이상 나올 때는 이를 반복하지 않고 두 번째부터는 que를 쓴다. 여기서는 두 번째 나오는 parce que는 que로 나타내면 되므로 다음과 같이 하면 된다.

그들이 나와 안 놀아주고 나를 왕따시키기 때문에 parce qu'ils ne veulent pas jouer avec moi et (parce) qu'ils me rejètent

▶ 문장
"애들이 나랑은 안 놀아주고 자꾸 왕따시킨다 말이에요."
⇒ « Parce que les enfants ne veulent pas jouer avec moi et qu'ils n'arrêtent pas de me rejeter.

5. 그러자 어머니가 한숨을 쉬며 타이르듯 말한다.

▶ 단어와 표현
한숨을 쉬다 : soupirer
~를 타이르다 : sermonner ~, réprimander

'타이르듯 말하다'라고 하면 dire comme si elle réprimandait라고 할 수 있지만 단순히 dire d'un ton sévère라고 하는 것도 좋겠다.

▶ 문장
그러자 어머니가 한숨을 쉬며 타이르듯 말한다.
⇒ Alors, sa mère soupire et dit, d'un ton sévère.

6. "그래도 가야지. 니가 선생님인데 어떡하겠니..."

▶ **단어와 표현**

그래도 : quand même

초등학교 선생님 : instituteur [institrice]

초등학교 선생님은 모든 과목을 가르치므로 maître라고 하고 담당 과목만 가르치는 중학교 이후의 선생님은 professeur(e)라고 한다. maître의 여성형은 maîtresse인데 이는 '정부(情婦)'라는 뜻으로 많이 쓰는 단어여서 조심해야 한다. 그래서 초등학교 교사는 주로 instituteur [institrice]라고 한다.

어떡하겠니 : que peux-tu faire ?

▶ **문장**

"그래도 가야지. 니가 선생님인데 어떡하겠니..."

⇒ « Eh bien, tu dois quand même y aller. Tu es instituteur, que peux-tu faire ? .... »

C 프랑스어로!

Un jour, un fils se met à pleurnicher auprès de sa mère.

« Maman, je ne veux plus aller à l'école, je n'en ai plus envie. »

« Pourquoi ? Qu'est-ce qui ne va pas ? Quelle en est la raison ? »

« Parce que les enfants ne veulent pas jouer avec moi et qu'ils n'arrêtent pas de me rejeter. »

Sa mère soupire et dit, d'un ton sévère.

« Eh bien, tu dois quand même y aller. Tu es instituteur, que peux-tu faire ? .... »

5. 인류의 기원
Les origines de l'Homme

A 한국어로!

어느 날 한 어린 소녀가 엄마에게 물었다. "엄마, 인류는 어떻게 생겨났어요?"

어머니는 "하느님이 아담과 이브를 만드셨고 그 둘이 아이를 낳고, 그런 식으로 인류가 생겨난 거야"라고 대답했다.

그러자 어린 소녀가 물었다.

"하지만 아빠는 아주 오래 전에 원숭이가 사람으로 변신했다고 하셨어요. 엄마는 인류가 하느님에 의해 창조되었다고 말하고, 아빠는 원숭이에서 왔다고 하는데, 이게 어떻게 된 거예요?"

"얘야, 나는 엄마 가족의 기원에 대해 말한 거고 아빠는 아빠쪽 가족의 기원에 대해 말한 거란다."

B 번역 공부

1. 어느 날 한 어린 소녀가 엄마에게 물었다. "엄마, 인류는 어떻게 생겨났어요?"

▶ 단어와 표현

인류 : l'espèce humaine, la race humaine, le genre humain; l'être humain, l'humanité.

인류는 과거에는 흔히 l'homme라고 하였는데 이것이 성차별이라는 지적에 따라(왜냐하면 남성과 여성을 대표하는 남성을 선택한 것이므로. 영어도 동일함) 요즘은 성중립적인 위의 표현들을 정치적으로 올

바른(politiquement correct) 표현으로 쓴다. 다만 여기서는 유머이고 la race humaine이 전체적인 문맥과 어울리므로 이를 쓰도록 해 보자.

어떻게 생겨났어요? comment est-elle apparue ?
'생겨나다'는 apparaître인데, 복합과거형은 avoir나 être를 모두 조동사로 쓸 수 있다. 다만 행위일 때는 전자를, 상태일 때는 후자를 쓰면 된다. 여기서는 생겨나 있는 상태에 가까워 보이므로 후자를 써보자. avoir를 써도 틀리는 것이 아니다. 뉘앙스의 차이일 뿐이다.

▶ **문장**
어느 날 한 어린 소녀가 엄마에게 물었다. "엄마, 인류는 어떻게 생겨났어요?"
⇒ Une petite fille demande un jour à sa mère : « Maman, comment la race humaine est-elle apparue ? »

2. 어머니는 "하느님이 아담과 이브를 만드셨고 그 둘이 아이를 낳고, 그런 식으로 인류가 생겨난 거야"라고 대답했다.

▶ **단어와 표현**
하느님 : Dieu
고유명사이므로 대문자로 쓰고 관사도 쓰지 않는다.

아이를 낳다 : avoir des enfants
아이를 낳는 것은 'donner naissance à *qn*'을 쓰는데, 구어에서는 avoir를 쓴다. 출산[분만] 행위 자체는 accoucher라고 한다.

그런 식으로 : c'est ainsi que

▶ 문장

어머니는 "하느님이 아담과 이브를 만드셨고 그 둘이 아이를 낳고, 그런 식으로 인류가 생겨난 거야"라고 대답했다.

⇒ La maman répond : « Dieu a fait Adam et Eve et ils ont eu des enfants, c'est ainsi que la race humaine est apparue ».

3. 하지만 아빠는 아주 오래 전에 원숭이가 사람으로 변신했다고 하셨어요.

▶ 단어와 표현

오래 전에 : il y a longtemps
원숭이 : un singe
~로 변신하다 : se transformer en ~
사람이 된다는 뜻으로 devenir des hommes라고 할 수도 있다.

▶ 문장

하지만 아빠는 아주 오래 전에 원숭이가 사람으로 변신했다고 하셨어요.

⇒ Mais papa me dit qu'il y a très longtemps, il y avait les singes qui se sont transformés en homme.

4. 엄마는 인류가 하느님에 의해 창조되었다고 말하고, 아빠는 원숭이에서 왔다고 하는데, 이게 어떻게 된 거예요?"

▶ 단어와 표현

~는데 이게 어떻게 된 거예요? : Comment se fait-il que + 접속법
이 표현은 놀람을 나타내므로 (놀람, 의심 등을 나타내는 종속절에 접속법을 쓰는 일반 원칙에 따라) que 절에 접속법을 써야 한다. 따라서 '엄마는 ~고 말하는데'는 'tu m'aies dit que ~'가 된다.

인류가 원숭이에서 왔다 : la race humaine vient du singe

▶ 문장
엄마는 인류가 하느님에 의해 창조되었다고 말하고, 아빠는 원숭이에서 왔다고 하는데, 이게 어떻게 된 거예요?"
⇒ Comment se fait-il que tu m'aies dit que la race humaine a été créée par Dieu et que papa dit qu'elle vient du singe ?

5. 얘야, 나는 엄마 가족의 기원에 대해 말한 거고 아빠는 아빠쪽 가족의 기원에 대해 말한 거란다.

▶ 단어와 표현
얘야 : Chérie
부모가 자식에게, 혹은 부부간에 상대를 부르는 애칭으로 남성형은 Chéri, 여성형은 Chérie이다. 여기서는 딸아이이므로 후자가 된다.

~에 대해 말하다 : parler de ~
내 가족의 기원 : l'origine de ma famille
아빠쪽 가족의 기원 : celle de la sienne
'그의 가족의 기원'이라고 할 때 l'origine de sa famillle라고 하면 되는데 여기서 l'origine을 다시 celle(여성 단수이므로)로 받을 수 있고, sa famillle를 la sienne로 받을 수 있다. 구어에서는 그대로 두어도, 즉 반복해도 상관없다.

▶ 문장
얘야, 나는 엄마 가족의 기원에 대해 말한 거고 아빠는 아빠쪽 가족의 기원에 대해 말한 거란다.
⇒ « Chérie, répond la maman, moi je t'ai parlé de l'origine de ma famille et ton père, (de celle) de la sienne. »

C 프랑스어로 !

Une petite fille demande un jour à sa mère : « Maman, comment la race humaine est-elle apparue ? »

La maman répond : « Dieu a fait Adam et Eve et ils ont eu des enfants, c'est ainsi que la race humaine est apparue ».

La petite fille lui demande :

« Mais papa me dit qu'il y a très longtemps, il y avait les singes qui se sont transformés en homme. Comment se fait-il que tu m'aies dit que la race humaine a été créée par Dieu et que papa dit qu'elle vient du singe ? »

« Chérie, répond la maman, moi je t'ai parlé de l'origine de ma famille et ton père, de celle de la sienne. »

2부 : 결혼
LE MARIAGE

1. 청춘 사업 어떻게 되어 가고 있어?
Comment vont les amours ?

A 한국어로!

피에르는 낙담하여 친구 프랑수아에게 마음 속 비밀을 털어놓는다.
"난 결혼 못할 거야. 내가 집에 데려가는 여자 친구마다 우리 어머니 마음에 안 드는 거야."
프랑수아는 "이봐, 너희 어머니하고 같은 스타일의 여자를 찾아 봐. 두고 봐라, 그 여자를 친구 삼으실 걸."하고 말한다.
얼마 후, 프랑수아는 길에서 우연히 피에르를 만난다.
"청춘 사업 어떻게 되어 가고 있어?"
"믿을 수 없는 일이야. 스무 살에 금발인 기가 막힌 아가씨를 만났는데, 네 충고대로 했어. 우리 어머니 판박이야, 취미도 같고..."
"그랬더니?"
"이번엔 우리 아버지가 보자마자 싫어하는 거 있지."

B 번역 공부

1. 피에르는 낙담하여 친구 프랑수아에게 마음 속 비밀을 털어놓는다.

▶ 단어와 표현
  낙담하다 : être découragé(e)
  ...에게 마음 속 비밀을 털어놓다 : se confier à ...

▶ 문장
  피에르는 낙담하여 친구 프랑수아에게 마음 속 비밀을 털어놓는다.
  ⇒ Pierre, découragé, se confie à son ami François.

  프랑스어로 표현할 때는 가급적 간단하게 하도록 하자. '낙담하여'를 'parce qu'il est découragé'라고 해도 되지만 무거운 문장이 된다. 형용사를 동격으로 놓는 방법이 간단하게 하는 요령이 된다.

2. 난 결혼 못할 거야.

▶ 단어와 표현
  결혼하다 : se marier
  ... 못하다 : ne pas pouvoir, ne pas arriver à ...

  pouvoir는 능력을 의미할 수도 있으므로 뜻이 모호하다. 그러나 여기서 '결혼 못할 거야'는 결혼할 능력이 없다는 뜻이 아니라 결혼은 하고 싶은데 여건상 잘 안 될 거라는, 즉 결혼을 못하게 될 거라는 뜻이다. 따라서 여기서는 'ne pas arriver à'를 쓰는 것이 좋겠다.

▶ 문장
  난 결혼 못할 거야.
  ⇒ Je n'arriverai jamais à me marier.

3. 내가 집에 데려가는 여자 친구마다 우리 어머니 마음에 안 드는 거야.

▶ 단어와 표현

여자 친구 : une copine, une petite ami
구어에서 '친구'를 뜻하는 'copain'(남성), 'copine'(여성)는 상황에 따라 애인을 뜻하기도 한다. 즉 여자가 'copain'이라 하면 남자친구를, 남자가 'copine'이라고 하면 '여자친구'를 가리킬 수 있는 것이다. 그러나 이는 그냥 남사친, 여사친과 구별이 안 될 수도 있으므로 분명히 애인을 가리키려면 petit(e)를 부쳐서 'un petit ami', 'une petite amie'라고 하면 된다.

집에 데려가다 : inviter qn à la maison
단순히 어떤 장소에 '데려가다'라고 하면 amener를 쓴다. 그러나 여기서는 선을 보이려고 집에 데려가는 것이므로 inviter가 더 좋겠다

...의 마음에 들다 : plaire à qn
...마다 마음에 안 들다→절대 마음에 안 들다 : ne jamais plaire à qn
'...마다 마음에 안 들다'와 같은 표현은 프랑스어로 직역하려면 매우 복잡하다. 대개의 경우에는 되도록 간단히 표현하는 것이 자연스러운 프랑스어를 구사하는 지름길이다. 따라서 이것은 '절대 마음에 안 든다'와 같이 표현하는 것이 좋겠다.

▶ 문장
내가 집에 데려가는 여자 친구마다 우리 어머니 마음에 안 드는 거야.
⇒ Les copines que j'invite à la maison ne plaisent jamais à ma mère.

4. 프랑수아는 "이봐, 너희 어머니하고 같은 스타일의 여자를 찾아 봐. 두고 봐라, 그 여자를 친구 삼으실 걸."하고 말한다.

▶ 단어와 표현

이봐 : Ecoute

...라고 말한다 : ..., lui dit François,

...를 찾다 : (발견하다) trouver qn, (구하다) chercher qn

...와 같은 스타일 : du même style que ...

'du même type'이라고 할 수도 있으나 여기서는 'du même style'이 조금 더 자연스럽다.

'너희 어머니하고 같은 스타일의 여자'는 'une fille du même style que ta mère'가 된다.

두고 봐라 : tu verras, on verra

...를 친구 삼다 : se faire un(e) ami(e) de ...

'A를 B로 만들다'는 'faire B de A'로 표현할 수 있는데, 친구를 사귄다는 표현에 프랑스인들은 단순히 faire가 아니라 se faire를 즐겨 쓴다. 그러므로 그녀를 친구로 사귄다고 할 때 se faire une amie de cette femme를 쓰면 될 것이다. 그런데 여기서 de cette femme를 대명사로 바꿀 때 'de + 사람'은 원칙적으로 d'elle로 치환해야 할 것이다. 'de + 사물'만 en으로 바꾸기 때문이다. 그러나 이 경우에는 그다지 경멸적인 느낌을 주지 않으면서 en으로 받을 수도 있는데, 이렇게 되면 's'en faire une amie'가 된다.

▶ 문장

프랑수아는 "이봐, 너희 어머니하고 같은 스타일의 여자를 찾아 봐. 두고 봐라, 그 여자를 친구 삼으실 걸."하고 말한다.

⇒ Ecoute, lui dit François, (trouve / cherche) une fille du même style que ta mère. Tu verras, elle voudra s'en faire une amie.

5. 얼마 후, 프랑수아는 길에서 우연히 피에르를 만난다.

▶ 단어와 표현

얼마 후 : quelque temps (après / plus tard)

'지금부터 ... 후'라고 할 때는 dans을 쓴다. 따라서 '지금부터 얼마 후'라면 'dans quelque temps'이 된다.

(지금부터) 1시간 후 : *dans une heure*
(지금부터) 2년 후 : *dans deux ans*

그 친구는 (지금부터) 얼마 후면 돌아올거야.
= *Il reviendra dans quelque temps.*

그러나 기준이 '지금'(말하는 순간)이 아닐 때는, 다시 말해 어떤 다른 시점을 기준으로 하는 '그로부터 ... 후'를 뜻할 때는 '... après'나 '... plus tard'를 쓰니 주의해야 한다.

(그로부터) 1시간 후 : *une heure (après / plus tard)*
(그로부터) 2년 후 : *deux ans (après / plus tard)*

그 친구는 (그로부터) 얼마 후에 돌아왔다.
= *Il est revenu quelque temps après.*

따라서 '그로부터 얼마 후'라고 하면 'quelque temps après' 또는 'quelque temps plus tard'를 쓰면 된다.

우연히 ...를 만나다 : croiser qn, (apercevoir / trouver) qn

'우연히 만나다'는 프랑스어에서 croiser라는 한 단어를 쓴다. 엇갈려 지나간다는 뜻이다. 그런데 실제로 프랑스인들은 '우연히 만나다'라는 뜻으로 'apercevoir'(...를 알아보다)나 'trouver'(...를 발견하다)도 많이 쓰니 활용하여 보자. 가급적 프랑스어식 표현을 써 보는 것이 프랑스어 실력 향상에 필요하다.

길에서 : dans la rue

프랑스어에는 전치사가 고정되어 있는 경우가 있다. dans으로 고정되어 있는 것만 몇 개 살펴보면 다음과 같다.

길에서 : *dans la rue*
정원에서 : *dans le jardin*
침실에서 : *dans la chambre*
복도에서 : *dans le couloir*

▶ 문장
얼마 후, 프랑수아는 길에서 우연히 피에르를 만난다.
⇒ Quelque temps après, François (aperçoit / trouve) Pierre dans la rue.

6. 청춘 사업 어떻게 되어 가고 있어?

▶ 단어와 표현
...가 어떻게 되어 가고 있어? : Comment va ... ?
청춘사업 : les amours, les affaires de coeur
항상 복수로 쓰는 굳어진 표현들이다.

▶ 문장
청춘 사업 어떻게 되어 가고 있어?
⇒ Comment vont (les amours / les affaires de coeur) ?

7. 믿을 수 없는 일이야, 스무 살에 금발인 기가 막힌 아가씨를 만났는데, 네 충고대로 했어.

▶ 단어와 표현
믿을 수 없는 일이야→믿을 수가 없어 : (c'est) incroyable.
기가 막힌 : génial(e)
génial은 '천재적인', '기가 막힌', '끝내주는', '짱인'이라는 뜻이다. 남성 복수형이 géniaux라는 점을 기억하자.

걔네들 기가 막힌 애들이야.
= Ils sont géniaux !

스무살에 금발인 기가 막힌 아가씨 : une fille géniale, vingt ans, blonde
충고대로 하다 → 충고를 따르다 : suivre le conseil de qn

▶ 문장
믿을 수 없는 일이야, 스무 살에 금발인 기가 막힌 아가씨를 만났는데, 네 충고대로 했어.
⇒ Incroyable, j'ai rencontré une fille géniale, vingt ans, blonde, et j'ai suivi ton conseil,

8. 우리 어머니 판박이야, 취미도 같고...

▶ 단어와 표현
...의 판박이 : tout le portrait de ...
우리는 누구하고 매우 닮은 사람을 누구누구의 '복사판'이네, '도장'이네 하고 표현한다. 프랑스인들은 '초상화'(portrait)라고 한다.

취미, 취향 : goût

▶ 문장
우리 어머니 판박이야, 취미도 같고...
⇒ tout le portrait de ma mère, les mêmes goûts...

9. 그랬더니?

▶ 단어와 표현
그랬더니? : Alors ?

10. 이번엔 우리 아버지가 보자마자 싫어하는 거 있지.

▶ 단어와 표현
이번엔 : cette fois
보자마자 → 즉시 : immédiatement
▶ 문장
이번엔 우리 아버지가 보자 마자 싫어하는 거 있지.
⇒ Alors, cette fois, c'est mon père qui l'a immédiatement détestée.
문맥으로 보아 어머니가 아니라 아버지라는 사실을 강조하는 것이므로 'c'est ... qui' 구문을 쓰는 것이 좋겠다.

프랑스어로 !

Pierre, découragé, se confie à son ami François.

- Je n'arriverai jamais à me marier. Les copines que j'invite à la maison ne plaisent jamais à ma mère.

- Ecoute, lui dit François, (trouve / cherche) une fille du même style que ta mère. Tu verras, elle voudra s'en faire une amie.

Quelque temps après, François (aperçoit / trouve) Pierre dans la rue:

- Comment vont (les amours / les affaires de coeur) ?

- Incroyable, j'ai rencontré une fille géniale, vingt ans, blonde, et j'ai suivi ton conseil, tout le portrait de ma mère, les mêmes goûts...

- Alors ?

- Alors, cette fois, c'est mon père qui l'a immédiatement détestée.

2. 내가 첫 번째 남자니?
Je suis le premier ?

A 한국어로!

한 젊은이가 여자친구에게 다정하게 말한다
"내가 첫 번째 남자니? 정말 다른 남자는 안 사귀어 봤어?"
"그렇다니까. 남자들은 다 똑같애, 항상 똑같은 질문만 한다니까."

B 번역 공부

1. 한 젊은이가 여자친구에게 다정하게 말한다

▶ 단어와 표현
한 젊은이 : un jeune homme
다정하게 말하다 : dire amoureusement, dire tendrement, dire avec amour
여자친구 : copine

▶ 문장
한 젊은이가 여자친구에게 다정하게 말한다
⇒ Un jeune homme dit à sa copine amoureusement [tendrement, avec amour] :

2. 내가 첫 번째 남자니?

▶ 단어와 표현
첫 번째 남자 : le premier (homme)

▶ 문장
내가 첫 번째 남자니?
⇒ Je suis le premier ?
⇒ Je suis le premier homme pour toi?

3. 정말 다른 남자는 안 사귀어 봤어?

▶ 단어와 표현

정말 : C'est vrai que ... ?
우리말로는 부사지만 프랑스어로는 이처럼 절성분으로 옮겨야 자연스러울 때가 많다.

사귀다 : fréquenter, connaître
사람을 사귄다고 할 때는 fréquenter를 쓴다. '...를 알다'라는 뜻의 connaître를 쓰기도 한다.
따라서 '남자를 사귄다'라고 하려면 '(fréquenter / connaître) un (homme / garçon)'이라고 하면 된다.

▶ 문장

정말 다른 남자는 안 사귀어 봤어?
⇒ C'est vrai que tu n'as jamais (connu / fréquenté) d'autres (hommes / garçons) ?
⇒ C'est vrai que tu n'en as jamais (connu / fréquenté) d'autres ?
둘째 문장에서는 hommes와 garçons을 대명사 en으로 받아 본 것이다.

4. 그렇다니까.

▶ 문장

그렇다니까→이미 말했잖아 !
⇒ Oui, je te l'ai déjà dit !

5. 남자들은 다 똑같애, 항상 똑같은 질문만 한다니까.

▶ **단어와 표현**
남자들은 다 똑같애 : Les hommes sont tous les mêmes.
여기서 tous는 마지막 s를 발음하는 대명사로 쓰인 것이다.
한편 '너희들 남자들은 다 똑같애.'하고 표현하려면 다음과 같이 한다.

Vous, les hommes, vous êtes bien tous les mêmes.
Vous êtes bien tous les mêmes.

질문을 하다 : poser une question
똑같은 질문을 하다 : poser la même question

▶ **문장**
남자들은 똑같애, 항상 똑같은 질문만 한다니까.
⇒ Les hommes sont tous les mêmes, toujours à poser la même question !
⇒ Les hommes sont tous les mêmes, ils posent toujours la même question !

C 프랑스어로 !

Un jeune homme dit à sa copine amoureusement:
- Je suis le premier ? C'est vrai que tu n'en as jamais connu d'autres ?
- Oui, je te l'ai déjà dit ! Les hommes sont tous les mêmes, toujours à poser la même question !

3. 젊은 가톨릭 신자 아가씨
Une jeune fille catholique

A 한국어로!

젊은 가톨릭 신자 아가씨가 개신교 신자인 청년과 사랑에 빠졌다. 그 아가씨의 어머니는 둘의 결혼을 극구 반대했다. 그러나 청년이 가톨릭으로 개종하면 승낙하겠다고 했다. 그녀는 자기의 남자 친구가 가톨릭으로 개종하도록 최선을 다했다.

몇 달이 지난 후, 어머니가 말한다. "얘야, 왜 울고 있니? 얼마 전에는 그 청년이 거의 가톨릭으로 개종할 것 같다고 하지 않았니?"

딸이 말한다. "그게 문제예요. 너무 성공하고 말았어요. 그이가 신부가 되고 싶대요."

B 번역 공부

1. 젊은 가톨릭 신자 아가씨가 개신교 신자인 청년과 사랑에 빠졌다.

▶ 단어와 표현
가톨릭 신자 un(e) catholique
개신교 신자 un(e) protestant(e)
~와 사랑에 빠지다 tomber amoureux(se) de ~
'열열히' 사랑에 빠졌다고 하려면 éperdument을 쓰면 좋다.

▶ 문장
젊은 가톨릭 신자 아가씨가 개신교 신자인 청년과 사랑에 빠졌다.
⇒ Une jeune fille catholique (éperdument) tombe amoureuse d'un jeune homme protestant.

2. 그 아가씨의 어머니는 둘의 결혼을 극구 반대했다.

▶ 단어와 표현
~에 반대하다 : s'opposer à ~
'극구', '격렬히', '거세게'처럼 행위의 격렬함을 강조할 때는 대체로 vivement으로 표현하면 된다.

▶ 문장
그 아가씨의 어머니는 둘의 결혼을 극구 반대했다.
⇒ Sa mère s'oppose (vivement) à leur mariage.

3. 그러나 청년이 가톨릭으로 개종하면 승락하겠다고 했다.

▶ 단어와 표현
카톨릭교 : le catholicisme
~로 개종하다 : se convertir à ~
승락하다 : approuver, consentir à

▶ 문장
그러나 청년이 가톨릭으로 개종하면 승락하겠다고 했다.
⇒ Mais elle a dit qu'elle approuverait si le jeune homme se convertissait au catholicisme.
주절이 복합과거로 되어 있어서 que 절에 미래가 올 때는 시제의 일치에 따라 직설법 과거미래를 써야 한다. 직설법 과거미래는 형태가 조건법 현재이다. 그래서 approuverait가 되는 것이다.

또 다른 표현 방법은 consentir à를 쓰는 방법, 그리고 '오직 ~라는 조건 하에'를 뜻하는 à une seule et unique condition를 쓰는 방법 등도 생각해 볼 수 있다. 그래서 다음과 같이 하는 것이다.

Mais elle pouvait consentir à ce mariage à une seule et unique condition : le jeune homme devaient se convertir au catholicisme.

4. 그녀는 자기의 남자 친구가 가톨릭으로 개종하도록 최선을 다했다.

▶ 단어와 표현

남자 친구가 가톨릭으로 개종하도록 : pour que son petit ami se convertisse au catholicisme

이처럼 직역하여 'pour que + 접속법'의 절로 표현할 수도 있지만, 의역하여 '남자 친구가 개종하도록 설득하기 위하여'로 표현할 수도 있겠다. 즉 'pour convaincre son petit ami de se convertir'가 된다.

최선을 다하다 : faire de son mieux

최선을 다하겠습니다. *Je ferai de mon mieux.*

▶ 문장

그녀는 자기의 남자 친구가 가톨릭으로 개종하도록 최선을 다했다.
⇒ La jeune femme a fait de son mieux pour convaincre son petit ami de se convertir.

5. 몇 달이 지난 후, 어머니가 말한다. "얘야, 왜 울고 있니?"

▶ 단어와 표현

몇 달이 지난 후 : quelques mois plus tard, quelques mois après
기준 시점이 현재일 때는 dans을 써서 dans quelque mois가 되겠지만, 기준 시점이 과거의 어떤 시점이므로 이럴 때는 '시간 + plus tard'나 '시간 + après'를 쓴다.

얘야 : Chérie, Ma chérie
남성형은 chérie 혹은 mon chéri이다.

왜 울고 있니? : pourquoi pleures-tu ?

▶ 문장
몇 달이 지난 후, 어머니가 말한다. "얘야, 왜 울고 있니?"
⇒ Quelques mois plus tard, la mère demande à sa fille « Chérie, pourquoi pleures-tu ?

6. 얼마 전에는 그 청년이 거의 가톨릭으로 개종할 것 같다고 하지 않았니?"

▶ 단어와 표현

얼마 전에는 : l'autre jour
'지난 번에, 접때, 일전에'와 같이 과거의 어느 날을 뜻하는 말이므로 l'autre jour라고 하면 된다. 물론 '며칠 전에'라고 하여 'il y a quelques jours'라고 할 수도 있다.

거의 가톨릭으로 개종할 것 같다 : était sur le point de se convertir
'~하기 직전이다'를 뜻하는 être sur le point de를 이용하여 표현한다.

~라고 하지 않았니? : N'as-tu pas dit

혹은 '~라고 하지 않았었니?'라고 더 오래 전의 일로 나타내려면 대과거로 하여 'N'avais-tu pas (dit / annoncé) que ~?'라고 하면 된다.

▶ 문장
얼마 전에는 그 청년이 거의 가톨릭으로 개종할 것 같다고 하지 않았니?"
⇒ N'avais-tu pas annoncé l'autre jour que le jeune homme était sur le point de se convertir ?

7. 딸이 말한다. "그게 문제예요. 너무 성공하고 말았어요. 그이가 신부가 되고 싶대요."

▶ 단어와 표현
그게 문제예요. C'est ça, le problème.
너무 성공하고 말았어요. il a trop de succès.
동사 réussir를 써서 다음과 같이 해도 좋다.

Il a trop bien réussi. / Il a trop réussi.

그이가 신부가 되고 싶대요. il veut être prêtre.
'너무 ~하여 …하다'를 뜻하는 'tellement ~ que …'를 이용하여 이어지는 두 문장을 한 문장으로 표현할 수도 있겠다.

Il a tellement de succès qu'il veut être prêtre.

그리고 이 문장은 '사제의 길을 걷고 싶어하다'와 같이 다소 문어적인 표현을 원한다면 다음과 같이 할 수도 있겠다.

Il a tellement de succès qu'il souhaite à présent embrasser une carrière de prêtre.

▶ 문장
딸이 말한다. "그게 문제예요. 너무 성공하고 말았어요. 그이가 신부가 되고 싶대요."
⇒ La fille lui répond. « C'est ça le problème, il a trop de succès, il veut être prêtre. »

C 프랑스어로!

Une jeune fille catholique tombe amoureuse d'un jeune homme protestant.

Sa mère s'oppose vivement à leur mariage.

Mais elle a dit qu'elle approuverait si le jeune homme se convertissait au catholicisme.

La jeune femme a fait de son mieux pour convaincre son petit ami de se convertir.

Quelques mois plus tard, la mère demande à sa fille « Chérie, pourquoi pleures-tu ? N'avais-tu pas annoncé l'autre jour que le jeune homme était sur le point de se convertir ?

La fille lui répond. « C'est ça le problème, il a trop de succès, il veut être prêtre. »

4. 서로 싸우는 대신
Au lieu de s'engueuler

A 한국어로!

아내와 저는 서로 소리를 지르며 다투다가 한 가지 방법을 생각해 냈는데, 바로 서로에게 소리를 지르는 대신 메모를 남기는 것이었습니다.
어느 날 밤 아내는 침대 옆 탁자에 메모를 남겼습니다: "내일 아침 7시에 깨워줘"라고요.
다음날 저는 침대 옆 탁자에 "일어나, 7시야"라는 메모를 남겼죠.

B 번역 공부

1. 아내와 저는 서로 소리를 지르며 다투다가 한 가지 방법을 생각해냈는데

▶ 단어와 표현

서로 소리를 지르며 다투다 : crier et se disputer, s'engueuler

'다투다'는, 몸으로 싸우는 것은 se battre이지만 말로 싸우는 것은 se disputer이다. 그런데 서로 욕을 하면서 격렬하게 싸우는 것을 뜻하는 프랑스어 동사가 하나 있는데 그것은 s'engueuler이다. 따라서 이것을 쓰면 적당하다. sengueuler는 욕을 하거나 질책한다는 뜻이다. 보통 다음과 같이 많이 쓰인다.

Je me suis fait engueuler par mon patron.
사장한테 엄청 혼났어[욕먹었어].

한 가지 방법을 생각해 내다 : trouver une solution [une combine]

▶ 문장
아내와 저는 서로 소리를 지르며 다투다가 한 가지 방법을 생각해냈는데
⇒ Quand ma femme et moi, nous nous sommes engueulés, on a trouvé une combine.

2. 바로 서로에게 소리를 지르는 대신 메모를 남기는 것이었습니다.

▶ 단어와 표현
~하는 대신 : au lieu de + 부정법 동사
메모를 남기다 : laisser un message, laisser un mot
'메모'는 une note라고 하면 되나, 보통 프랑스인들은 흔히 그보다 더 포괄적인 뜻의 un message, un mot를 더 자주 쓴다. '서로에게 메모를 남기다'는 se laisser des mots 라고하면 된다. 한 번만 남기는 것이 아니므로 mot나 message는 복수로.

▶ 문장
바로 서로에게 소리를 지르는 대신 메모를 남기는 것이었습니다.
⇒ au lieu de s'engueuler, on se laisse des mots.

3. 어느 날 밤 아내는 침대 옆 탁자에 메모를 남겼습니다. "내일 아침 7시에 깨워줘"라고요.

▶ 단어와 표현
어느 날 밤 : un soir
침대 옆 탁자 : la table de nuit
깨우다 : réveiller

'나를 깨워 줘'는 'Réveille-moi'라고 하면 된다.

내일 아침 7시에 : demain à 7 heures du matin
demain matin à 7 heures라고 해도 된다.

▶ 문장
어느 날 밤 아내는 침대 옆 탁자에 메모를 남겼습니다: "내일 아침 7시에 깨워줘"라고요.
⇒ Un soir elle me laisse un mot sur la table de nuit : « Réveille-moi demain à 7 heures du matin. »

4. 다음날 저는 침대 옆 탁자에 "일어나, 7시야"라는 메모를 남겼죠.

▶ 단어와 표현
다음날 : le lendemain
일어나 : Réveille-toi; Debout
잠에서 깨라는 뜻으로는 "Réveille-toi !"라 하면 되고, 자리에서 일어나라는 뜻으로는 "Lève-toi !" 혹은 "Debout !"라고 할 수 있다.

▶ 문장
다음날 저는 침대 옆 탁자에 "일어나, 7시야"라는 메모를 남겼죠.
⇒ Le lendemain, j'ai laissé un mot sur la table de nuit ; « Debout, il est sept heures. »

프랑스어로!

Quand ma femme et moi, nous nous sommes engueulés, on a trouvé une combine : au lieu de s'engueuler, on se laisse des mots.

Un soir elle me laisse un mot sur la table de nuit : « Réveille-moi demain à 7 heures du matin. »

Le lendemain, j'ai laissé un mot sur la table de nuit ; « Debout, il est sept heures. »

5. 나 때문이야.
C'était à cause de moi.

A 한국어로!

　50세의 남자가 자동차 사고로 병원에서 죽어 가고 있다. 그의 오랜 친구가 곁에 있다. 죽어 가는 그 남자는 친구에게 고백한다.
　"생각나지, 1950년, 그 화재 말이야, 그리고 네 회사의 파산 말이야, 그거 나 때문이었어. 네 마누라가 도둑맞은 보석들 말이야, 그거 나였어. 네 마누라의 정부도 나였어."
　"용서할게, 편안히 가라구, 사실은 네 자동차의 엔진을 고장 나게 한 게 나였거든."

B 번역 공부

1. 50세의 남자가 자동차 사고로 병원에서 죽어 가고 있다.

▶ 단어와 표현

50세의 남자 : un homme de cinquante ans, un homme d'une cinquantaine d'années

죽다 : mourir(보통의 표현), trépasser, passer de vie à trépas(문어적 표현)

'죽다'는 보통 mourir이다. 그런데 문어에서는 우리말의 '운명하다', '유명을 달리하다' 등의 표현에 해당하는 'passer de vie à trépas'를 쓴다. 이것은 '삶에서 죽음으로 가다'라는 뜻이다.

'...어 가고 있다'는 진행을 뜻하므로 'être en train de ...'를 쓴다. 따라서 '죽어 가고 있다'는 'être en train de (mourir / trépasser / passer de vie à trépas)'가 된다.

병원에서 : à l'hôpital

자동차 사고 : un accident de voiture

'accident'이 나온 김에 다음의 몇 가지 표현을 공부해 보자.

교통 사고 : *accident de la route*
철도 사고 : *accident de chemin de fer*
근무중 사고, 산업 재해 : *accidents du travail*
비행기 사고 : *accident d'avion, accident d'aviation*
사고를 당하다 : *avoir un accident*
사고에 희생되다 : *être victime d'un accident*
무사히 도착했습니다 : *Je suis arrivé(e) sans accident.*

...로 (원인) : à la suite de ...

따라서 '자동차 사고로'는 'à la suite d'un accident de voiture'가 된다.

▶ 문장

50세의 남자가 자동차 사고로 병원에서 죽어 가고 있다.

⇒ Un homme (d'une cinquantaine d'années / de cinquante ans) est en train de (passer de vie à trépas / trépasser / mourir) à l'hôpital, à la suite d'un accident de voiture.

2. 그의 오랜 친구가 곁에 있다.

▶ 단어와 표현

오랜 친구 : ami de toujours

곁에 있다 : être à côté de lui, être à ses côtés

'바로 옆에'라는 위치의 개념만을 뜻하고자 할 때는 'à côté de lui'를 쓴다.

   나, 그 친구 옆에서 일해.
   = *Je travaille à côté de lui.*

   나, 그 친구 옆에 있어.
   = *Je suis à côté de lui.*

단순히 옆자리에 있다는 뜻이 아니라 '함께하다', '같은 편이 되다'라는 보다 추상적인 뜻일 때, 그러니까 일종의 연대감(solidarité)을 표현할 때는 'à ses côtés'를 쓴다.

   나, 그 친구하고 같이 일해.
   = *Je travaille à ses côtés.*

   나, 너와 함께 할게 / 나, 네 편이 되어 줄게.
   = *Je serai à tes côtés.*

가수 김현식의 '내 사랑 내 곁에'는 의미에 따라 'Mon amour à côté de moi'나 'Mon amour à mes côtés'가 된다.

▶ 문장
그의 오랜 친구가 곁에 있다.
⇒ Son ami de toujours est (à côté de lui / à ses côtés).

3. 죽어 가는 그 남자는 친구에게 고백한다.

▶ 단어와 표현
죽어 가는 그 남자 : le mourant
고백하다 : avouer

▶ 문장
죽어 가는 그 남자는 친구에게 고백한다.
⇒ Le mourant lui avoue:

4. "생각나지, 1950년, 그 화재 말이야, 그리고 네 회사의 파산 말이야, 그거 나 때문이었어.

▶ 단어와 표현
생각나다→기억하다 : se souvenir de + 명사
따라서 '생각나지?'는 'Tu te souviens ?' 또는 'Tu t'en souviens ?'이 된다. 두 번째 것은 'de + 명사'를 en으로 받은 것이다.

1950년(에) : en 1950
화재 : un incendie
'incendie'는 남성명사임에 주의할 것. 'incendie'는 한 건, 두 건처

럼 셀 수 있는 명사이므로 부정관사를 쓴다. '어제 서울에서 화재가 났어.'라고 하면 'Il y a eu un incendie à Séoul.'이 된다. 그러나 본문에서는 '네 회사의 화재'이므로 특정한 화재가 되어 정관사를 써서 'l'incendie'라고 해야 할 것이다.

파산 : la faillite
회사 : une société, une compagnie, une firme, une entreprise, une boîte(속어)

'회사'를 가리키는 말은 많다. 'une société, une compagnie, une firme, une entreprise' 등등. 우연히 모두 다 여성명사이다. 이중에서 'compagnie'나 'société'는 회사명에 주로 쓰이며, 'entreprise'는 우리말의 '기업'에 해당하는 말이다. 속어에서는 건물이 상자처럼 생겼다고 해서 'boîte'라고 한다.

나 때문이야 : c'est à cause de moi.
'나 때문이었어'는 당연히 'C'était à cause de moi.'라고 할 것이다.

▶ **문장**
"생각나지, 1950년, 그 화재 말이야, 그리고 네 회사의 파산 말이야, 그거 나 때문이었어.
⇒ Tu te souviens, en 1950, l'incendie, et la faillite de (ta société / ta firme / ta boîte), c'était à cause de moi...

5. 네 마누라가 도둑맞은 보석들 말이야, 그거 나였어.

▶ **단어와 표현**
네 마누라 : ta femme
도둑맞다 : se faire voler

'훔치다' 또는 '도둑질하다'를 뜻하는 프랑스어 동사 voler는 「voler

qc à qn」의 구조를 가진다. '*qn*으로부터 *qc*를 훔치다'라는 뜻이다.

그 사람이 나한테서 이 아이디어를 훔쳤습니다.
= *Il m'a volé cette idée.*

그 사람이 나한테서 보석을 훔쳐갔습니다.
= *Il m'a volé des bijoux.*

이 문장을 수동태로 하려면 어떻게 해야 할까? 프랑스어에서는 간접목적어를 수동태의 주어로 쓸 수 없다. 이럴 때 프랑스어에서 쓰는 방법은 2가지이다. 첫째는 on을 주어로 하는 능동문을 쓰는 방법이고, 두 번째는 「se faire + 부정법」을 쓰는 방법이다.

보석을 도둑맞았어.
= *On m'a volé des bijoux.* [on을 주어로 하는 능동문]
= *Je me suis fait voler des bijoux.* [se faire + 부정법]

어제 도둑을 맞았어.
= *On m'a volé hier.* [on을 주어로 하는 능동문]
= *Je me suis fait voler hier.* [se faire + 부정법]

그렇다면 '네 마누라가 도둑맞은 보석'은 프랑스어로 다음과 같이 될 것이다.

les bijoux qu'on a volé à ta femme
les bijoux que ta femme s'est fait voler

▶ 문장

네 마누라가 도둑맞은 보석들 말이야, 그거 나였어.

⇒ Et les bijoux (que ta femme s'est fait voler / qu'on a volé à ta femme), c'était moi..

6. 네 마누라의 정부도 나였어.

▶ 단어와 표현

정부(情夫) : un amant

'정부'(情夫)는 'amant'이라 하고 '정부'(情婦)는 'une maîtresse'라 한다.

'네 마누라의 정부'는 'l'amant de ta femme'이 될 것이다.

▶ 문장

네 마누라의 정부도 나였어.

⇒ L'amant de ta femme, c'était encore moi.

'...도 나였어'는 '...도 또 나였어'라고 생각하여 encore를 써서 옮겨야 한다.

7. 용서할게, 편안히 가라구

▶ 단어와 표현

용서하다 : pardonner *qn*

'용서할게.'는 'Je te pardonne.'

편안히 가라구 → 너는 편안히 죽을 수 있어 : tu peux mourir tranquille.

'편안히'는 tranquille로 옮긴다. tranquille은 흔히 '조용한'으로만 알고 있는데, 이렇게 되면 프랑스인들이 매우 자주 쓰는 이 단어를 잘 쓰지 못하게 된다. 우리말로 '편안하다'나 '걱정없다'고 할 때는 이 tranquille을 쓰기 바란다.

여기서는 **편안히** 주무실 수 있어요.
= *Vous pouvez dormir **tranquille** ici.*

나 좀 **편안히**[조용히] 좀 내 버려둬.
= *Laisse-moi **tranquille**.*

걱정하지 마세요, 그 친구는 돌아올 거예요.
= *Soyez **tranquille**, il reviendra.*

우리 가족에 대해서는 **걱정이 없어요**.
= *Je suis **tranquille** pour ma famille.*

▶ 문장
용서할게, 편안히 가라구
⇒ Je te pardonne, tu peux mourir tranquille.

8. 사실은 네 자동차의 엔진을 고장 나게 한 게 나였거든.

▶ 단어와 표현
사실은 : en fait
엔진 : un moteur

엔진은 engin이 아니라 moteur이라는 점을 주의해야 한다. 영어의 영향으로 혼동을 하기 쉽다. engin은 '기구, 기계, 병기, 화기, 미사일, 장갑차' 등의 뜻으로 쓰인다.

모터 고장은 일단 'la panne du moteur'라고 할 수 있지만 여기서는 아니다. 'la panne du moteur'는 자연적으로 고장이 난 것을 뜻하기 때문이다. 일부러 고장을 낸 것을 나타낼 때는 'le sabotage du moteur'라고 해야 한다. 또 '고장을 내다'라고 하는 하나의 동사가 있는데, 이것은 saboter이다. 따라서 '모터를 고장내다'는 'saboter le moteur'라고 할 수 있다.

▶ 문장
사실은 네 자동차의 엔진을 고장 나게 한 게 나였거든.
⇒ 1. parce qu'en fait le sabotage du moteur, c'était moi.
  2. parce qu'en fait c'était moi qui avais saboté ton moteur.

C 프랑스어로 !

Un homme (d'une cinquantaine d'années / de cinquante ans) est en train de (passer de vie à trépas / trépasser / mourir) à l'hôpital, à la suite d'un accident de voiture. Son ami de toujours est (à côté de lui / à ses côtés). Le mourant lui avoue:

- Tu te souviens, en 1950, l'incendie, et la faillite de (ta société / ta firme / ta boîte), c'était à cause de moi... Et les bijoux (que ta femme s'est fait voler / qu'on a volé à ta femme), c'était moi... L'amant de ta femme, c'était encore moi.

- Je te pardonne, tu peux mourir tranquille (parce qu'en fait
le sabotage du moteur, c'était moi / parce qu'en fait c'était moi qui avais saboté ton moteur).

6. 사랑은 돈과 바꿀 수 없어.
L'argent ne remplace pas l'amour.

A 한국어로!

두 친구가 앞으로의 계획 이야기를 하고 있다.
"네 생각엔, 예쁘지만 무일푼인 릴리안과, 쉰 살 과부요 돈은 무지 많지만 나한테 아무런 필링이 안 오는 마르그리뜨 중, 누구하고 내가 결혼해야 할까?"
"그야 간단하지, 과부는 관둬. 돈이 많지만 말이야. 쉰 살 먹은 여자와 네가 사는 걸 생각해 봐라. 아무리 잘 가꿔도 소용없어, 10년 후면... 릴리안은 예쁘고 젊고, 사랑은 돈과 바꿀 수 없잖아."
"네 말이 맞는 것 같아. 네 덕에 확신이 섰어. 고마워."
"나한테 고마워할 것 없어. 난 그냥 내 생각을 말했을 뿐이니까. 그런데 너 릴리안하고 결혼한 뒤에 마르그리뜨의 주소 좀 알려 줄래?"

B 번역 공부

1. 두 친구가 앞으로의 계획 이야기를 하고 있다.

▶ 단어와 표현
앞으로의 계획 : un projet d'avenir
~ 이야기를 하다 : parler de ~
'~ 이야기를 하다'는 직역하면 안 되고 '~에 대해 말하다'로 생각하여 parler de를 써야 한다.

▶ 문장

두 친구가 앞으로의 계획 이야기를 하고 있다.

⇒ Deux amis parlent de projets d'avenir.

2. "네 생각엔, 예쁘지만 무일푼인 릴리안과, 쉰 살 과부요 돈은 무지 많지만 나한테 아무런 필링이 안 오는 마르그리뜨 중, 누구하고 내가 결혼해야 할까?"

▶ 단어와 표현

네 생각엔 : à ton avis

예쁘지만 무일푼이다 : être jolie mais fauchée

무일푼이라는 것은 être sans le sou라고 하면 되는데, 속어에서는 être fauché(e)를 흔히 쓴다.

과부 : une veuve

홀아비는 이의 남성형인 une veuf라고 한다.

돈이 무지 많다 : être bourrée de fric

속어적 표현으로 돈으로 가득 찼다는 뜻이다. 물론 très riche라고 해도 좋지만, 속어적 표현으로 이처럼 말한다.

그녀는 나한테 아무런 필링이 안 와 : Elle ne fait pas battre mon cœur.

이는 'Elle fait battre mon cœur.'(그녀는 내 가슴을 뛰게 해.)의 부정형이다. 이 표현을 다음과 같이 할 수도 있다.

Elle ne m'inspire rien.
Elle ne m'attire pas.
Elle ne me fait ni chaud ni froid

마지막 표현은 '뜨뜨미지근하다'와 같은 뜻으로, 이는 다음과 같은 표현에서 온 것이다.

Ça me fait chaud au coeur. (그것은 내 마음을 따뜻하게 한다.)

누구하고 내가 결혼해야 할까? : dois-je me marier avec qui ?
물론 의문사를 문두에 두는 정식 의문문을 쓸 수도 있다.
Avec qui dois-je me marier ?

se marier avec qn 말고 조금 더 격식체인 épouser를 쓸 수도 있다.
Qui dois-je épouser ?

▶ 문장
"네 생각엔, 예쁘지만 무일푼인 릴리안과, 쉰 살 과부요 돈은 무지 많지만 나한테 아무런 필링이 안 오는 마르그리뜨 중, 누구하고 내가 결혼해야 할까?"
⇒ A ton avis, dois-je me marier avec Liliane qui est superbe mais fauchée ou avec Marguerite, cinquante ans, veuve et bourrée de fric, qui ne me fait ni chaud ni froid ?

3. 그야 간단하지, 과부는 관둬. 돈이 많지만 말이야.

▶ 단어와 표현
그야 간단하지 : C'est simple
그만두다 : abandonner, laisse tomber
어떤 일을 그만둔다고 할 때 우선 생각할 수 있는 단어는 abandonner이다. 이를 속어에서는 *laisser tomber*라고 하는데, 우리말로 하면 '관둬' 혹은 '집어치워'와 같은 느낌이라 할 수 있다. 물론 '과부는 잊어'라고 하여 'Oublie la veuve'라고 할 수도 있겠다.

돈이 많지만 : Même si elle a de l'argent.

▶ 문장
그야 간단하지, 과부는 관둬. 돈이 많지만 말이야.
⇒ C'est simple, laisse tomber la veuve. Même si elle a de l'argent.

4. 쉰 살 먹은 여자와 네가 사는 걸 생각해 봐라.

▶ 단어와 표현
쉰 살 먹은 여자 : une femme de cinquante ans
네 자신이 쉰 살 먹은 여자와 사는 것을 본다 : Tu te vois vivre avec une femme de cinquante ans
여기서 앞 부분을 상상한다는 의미로 Tu t'imagines이라고 해도 좋다.

▶ 문장
쉰 살 먹은 여자와 네가 사는 걸 생각해 봐라.
⇒ Tu te vois vivre avec une femme de cinquante ans ?

5. 아무리 잘 가꿔도 소용없어, 10년 후면…

▶ 단어와 표현
잘 가꾸다 : être bien conservé(e), prendre soin de lui-même [d'elle-même]
'잘 가꾸다'는 '잘 보존되어 있다', 그래서 '젊어 보인다'는 뜻의 bien conservé(e)를 쓸 수 있다. 물론 직역하여 prendre soin de lui-même [d'elle-même]을 쓸 수 있다.

아무리 ~해도 소용없다 : avoir beau + 부정법

Tu as beau te plaindre, on ne t'écoute pas.
네가 아무리 불평을 해도 소용이 없어. 사람들은 네 말을 안 들을 테니까.

10년 후면 : dans dix ans
지금 시점이 기준일 때 '~후에'라고 하면 dans을 쓴다. (cf. 3부 : 결혼의 1과 참조)

▶ 문장
아무리 잘 가꿔도 소용없어, 10년 후면...
⇒ Elle a beau être bien conservée, dans dix ans...

6. 릴리안은 예쁘고 젊고, 사랑은 돈과 바꿀 수 없잖아.

▶ 단어와 표현
사랑은 돈과 바꿀 수 없다 : l'argent ne remplace pas l'amour
'돈은 사랑을 대체할 수 없다'는 것으로 표현하는 것이 프랑스어의 전형적인 표현이다. 또 '돈이 있다고 행복해지는 건 아니다'라는 뜻의 'l'argent ne fait pas le bonheur.'도 매우 많이 쓴다.

▶ 문장
릴리안은 예쁘고 젊고, 사랑은 돈과 바꿀 수 없잖아.
⇒ Liliane est belle et jeune, et n'oublie pas que l'argent ne remplace pas l'amour.

7. 네 말이 맞는 것 같아. 네 덕에 확신이 섰어. 고마워.

▶ 단어와 표현

~ 말이 맞다 : avoir raison

~는 것 같다 : Je crois que

의견을 나타내는 것이므로 '생각하다'의 penser 혹은 croire를 쓰는 것이 좋겠다.

네 덕에 확신이 섰어 : Tu m'as convaincu.

프랑스인들은 의견 표명을 적극적으로 한다. 그래서 '네가 나를 설득시켰다'는 뜻으로 이렇게 말한다. 우리말에 이와 유사한 표현은 '네 말에 꼼짝없이 설득됐다.' 정도가 될 것이다.

▶ 문장

네 말이 맞는 것 같아. 네 덕에 확신이 섰어. 고마워.

⇒ Je crois que tu as raison. Tu m'as convaincu. Merci...

8. 나한테 고마워할 것 없어. 난 그냥 내 생각을 말했을 뿐이니까.

▶ 단어와 표현

나한테 고마워할 것 없어 : Ne me remercie pas.

remercier는 직접목적어를 취하는 동사임을 주의하자.

난 그냥 내 생각을 말했을 뿐이다 : je t'ai dit ce que je pensais, c'est tout

'나는 네게 내가 생각하는 것을 말했고 그게 다야.'라는 식으로 표현하는 것이다.

▶ 문장

나한테 고마워할 것 없어. 난 그냥 내 생각을 말했을 뿐이니까.

⇒ Ne me remercie pas, je t'ai dit ce que je pensais, c'est tout.

9. 그런데 너 릴리안하고 결혼한 뒤에 마르그리뜨의 주소 좀 알려 줄래?

▶ 단어와 표현

그런데 : au fait, à propos

너 릴리안하고 결혼한 뒤에 : quand tu auras épousé Liliane

미래의 행위인데, 주소를 주는 행위보다 앞선 행위이므로 전미래로 표현해야 한다.

주소를 알려 주다 : donner l'adresse à *qn*

'알려 주다'를 dire로 하는 것이 오히려 조금 더 어색하고 '주다'는 뜻의 donner가 더욱 자연스럽다. 우리말에서도 이런 표현을 쓴다. '너 나한테 주소 좀 줄래?'

▶ 문장

그런데 너 릴리안하고 결혼한 뒤에 마르그리뜨의 주소 좀 알려 줄래?

⇒ Au fait, quand tu auras épousé Liliane, tu pourras me donner l'adresse de Marguerite ?

C 프랑스어로!

Deux amis parlent de projets d'avenir.

- A ton avis, dois-je me marier avec Liliane qui est jolie mais fauchée ou avec Marguerite, cinquante ans, veuve et bourrée de fric, qui ne me fait ni chaud ni froid ?

- C'est simple, laisse tomber la veuve. Même si elle a de l'argent. Tu te vois vivre avec une femme de cinquante ans ? Elle a beau être bien conservée, dans dix ans... Liliane est belle et jeune, et n'oublie pas que l'argent ne remplace pas l'amour.

- Je crois que tu as raison. Tu m'as convaincu. Merci...

- Ne me remercie pas, je t'ai dit ce que je pensais, c'est tout. Au fait, quand tu auras épousé Liliane, tu pourras me donner l'adresse de Marguerite ?

3부 : 병원
L'HOPITAL

1. 그렇게 심각한가요?
C'est si grave ?

A 한국어로!

Michelet씨는 소화기 전문의의 진찰을 받는다.
"죄송합니다만, 저로서는 방법이 없군요."
"그렇게 심각한가요?"
"예, 저는 3천 유로 이하로는 수술을 하지 않거든요."

B 번역 공부

1. Michelet씨는 소화기 전문의의 진찰을 받는다.

▶ 단어와 표현

소화기관 : un appareil digestif
전문의 : un (médecin) spécialiste
소화기 전문의 : un spécialiste de l'appareil digestif

(의사에게) 진찰을 받다 : consulter (un médecin)
'의사에게 진찰을 받다'는 프랑스어에서는 '의사에게 (병에 대해) 문의한다'는 식으로 표현한다. 즉 'consulter un médecin'이다. 서양의 의사들은, 주로 치료에 집중하는 우리나라 의사들에 비해 환자에게 병의 원인에 대해 자세히 설명하고 치료의 내용도 소상히 알려 주는 경향이 있다. 즉 환자가 자문을 구하면 여기에 의사가 답변을 하는 것이 바로 '치료'인 것이다. 이런 이유에서 '진찰을 받다'가 consulter(자문을 구하다)가 된 것이다. 참고로 명사형은 consultation인데 다음과 같은 표현은 의사나 간호사에게 처음에 흔히 하는 표현이다.

진찰받으러 왔는데요.
= *Je viens pour la consultation.*

▶ 문장

Michelet씨는 소화기 전문의의 진찰을 받는다.
⇒ M. Michelet consulte un spécialiste de l'appareil digestif.

2. 죄송합니다만, 저로서는 방법이 없군요.

▶ 단어와 표현
죄송합니다 : Pardon ! / Je vous demande pardon
죄송합니다만 : Je suis désolé(e), (mais) ...
　　　　　　　Désolé(e), (mais) ...
　　　　　　　Je regrette, (mais) ...

단순히 상대방에게 '죄송합니다'라고 말할 때, 즉 가벼운 사과를 할 때는 그냥 'Pardon !'이라고 간단히 말하자.

그러나 '죄송합니다만 ...' 하면서 다음 말을 이어나가려 할 때는 'Je suis désolé(e), (mais)...'

친한 사이에서는 그냥 'Désolé(e), (mais) ...'라고 해도 된다. 그러니까 '미안하지만 ...'에 해당하는 말.

매우 공식적인 표현으로는 'Je regrette, (mais) ...'라고 한다. 예를 들어 점원이 손님에게 다음과 같이 말하곤 한다.

　　죄송합니다만 그 상품은 없는데요.
　　= *Je regrette, mais nous n'avons pas cet article.*

굉장히 미안할 때는 "Je suis vraiment désolé(e)."이나 "Je vous demande pardon."이라고 말하면 된다. 'Pardonnez-moi'(용서해 주세요)같은 표현은 쓰지 않도록 한다.

'Excusez-moi, (mais)...'는 사과하는 말이 아니라, 그저 상대에게 말을 걸기 위해 쓰는 '실례합니다'에 해당하는 말.

저로서는 방법이 없군요 : Je ne peux rien faire pour vous.

'저로서는 방법이 없군요'. 이것은 우리나라 사람들이 즐겨 쓰는 완곡한 표현이다. 그러나 프랑스인들은 보다 직접적으로 '선생님한테 제가 아무것도 할 수 없습니다.'라고 표현한다. 그래서 'Je ne peux rien faire pour vous.'가 된다.

보다 일반적으로 말해서 사물이나 추상명사가 주어로 쓰인 우리말 문장은 프랑스어로는 그와 관련된 인간의 행위로 표현하려는 경향이 있다. 여기서 우리말은 '방법'에 대해서 말하고 있는데, 프랑스어로는 그와 관련된 사람의 행위로 표현하는 것이 자연스러운 것이다. [자세한 것은 「프랑스어식 사고법」 4장의 3을 참조할 것.]

우리말을 직역한 문장 'Il n'y a pas moyen avec vous.'는 '당신은 정말 대책 없는 사람이군요.'라는 뜻이 되니 주의할 것. 따라서 우리가 자주 쓰는 '그 애는 정말 대책이 없어.' 혹은 '걔는 정말 못 말려.'는 프랑스어로 다음과 같이 한다.

Avec lui, il n'y a pas moyen.

관용적인 표현이라 pas 다음에 de 없이 쓴다.

▶ **문장**
죄송합니다만, 저로서는 방법이 없군요.
⇒ Je suis désolé, (mais) je ne peux rien faire pour vous.

3. 그렇게나 심각한가요?

▶ **단어와 표현**
(상황·증세가) 심각하다 : grave

▶ **문장**
그렇게나 심각한가요?
⇒ C'est si grave ?

참고로 'Ce n'est pas grave.'라고 하면 '괜찮아.'가 된다. '별로 중요하지 않다'는 뜻으로 쓰이거나, 상대의 사과 따위에 호응하는 말('신경 쓸 거 없어.')로 쓰이기도 한다. 속어에서는 ne 없이 'C'est pas grave.'

라고 한다.

4. 예, 저는 3천 유로 이하로는 수술을 하지 않거든요.

▶ 단어와 표현
  ... 이하로 : pour moins de...
  '... 이하로'는 보통 'pour moins de'를 쓴다.

  그것을 10유로 이하로 사다 : *acheter cela pour moins de dix euros*

우리말에서 시간 표현으로는 '이내로'를 쓰는데, 이 때 전치사는 en을 쓴다. 시간의 소비를 뜻할 때는 en을 써야 하기 때문이다.

  2시간 이내로 일을 끝내다 : *achever sa besogne en moins de deux heures*

물론 반대말인 '... 이상으로'는 'pour plus de'가 된다.

  3천 유로 : trois mille euros
  '3천'은 '3 000'이므로 '3 mille'→'trois mille'이 된다. 프랑스어 숫자 중 mille은 변하지 않는다는 사실, 즉 복수의 s를 붙이지 않는다는 사실을 기억할 것.

  3천 유로 이하로 : pour moins de trois mille euros
  참고로 '... 이하의'라고 하면 'de moins de'가 되니 주의할 것.

  12세 이하의 어린이
  = *les enfants **de moins de** 12 ans*

(의사가) 수술을 하다 : opérer

외과의사가 수술하기 전에 마취를 해 드릴 겁니다.
= *Le chirurgien va vous endormir avant de vous opérer.*

(환자가) 수술을 하다[받다] : être opéré(*e*), se faire opérer

재미있게도 우리말은, 의사도 수술을 '한다'라고 하고 환자도 똑 같이 수술을 '한다'라고 한다. 따라서 프랑스어로 말할 때는 구분을 해야 되는데, 의사가 수술하는 것은 'opérer'이고, 환자가 수술을 받는 것은 'se faire opérer'이다.

이처럼 자신이 하는 행위와 남이 자신에게 행하는 행위에 같은 표현을 쓰는 예는 우리말에 꽤 많다. '(내가 / 이발사가) 머리를 깎다', '(내가 / 치과의사가) 이를 뽑다', '(내가 / 점장이가) 점을 보다' 등... [여기에 관해 보다 자세한 것은 「프랑스어식 사고법」 6장의 4절을 참고할 것.]

남에게 시키되 자기의 소유물이나 자기 자신이 그 행위의 대상이 될 때는 a)와 같이 「se faire + 부정법」을 쓴다.

나 어제 수술(했어 / 받았어).
= a) *Je me suis fait opérer hier.*
= b) *J'ai été opéré(e) hier.*

너 수술했니?
= a) *Tu t'es fait opérer ?*
= b) *Tu a été opéré(e) ?*

물론 b)와 같이 수동태를 써도 된다. 다만, 수동태는 경우에 따라 자신의 의지에 관계없이 행위를 당하는 것을 의미할 수도 있다는 점을 알아두기 바란다.

▶ 문장

예, 저는 3천 유로 이하로는 수술을 하지 않거든요.

⇒ Oui, je n'opère pas pour moins de trois mille euros.

C 프랑스어로 !

M. Michelet consulte un spécialiste de l'appareil digestif.
- Je suis désolé, je ne peux rien faire pour vous.
- C'est si grave ?
- Oui, je n'opère pas pour moins de trois mille euros.

2. 걱정하지 말아요.
Ne vous inquiétez pas.

A 한국어로!

"의사 선생님, 저는요 수술을 받느니 차라리 죽는 게 좋겠어요…"
"걱정하지 말아요, 수술한다고 꼭 사는 게 아니니까."

B 번역 공부

1. 의사 선생님, 저는요 수술을 받느니 차라리 죽는 게 좋겠어요...

▶ 단어와 표현

차라리 ...하는 게 좋겠어요 → ...을 더 좋아해요 je préfère ...

우리말에서는 적극적으로 감정을 표현하는 방식과 소극적으로 감정을 표현하는 방식이 구분되어 있다. 예컨대 '그것을 좋아하다', '그것을 싫어하다'는 적극적인 표현 방식이요, '그것이 좋다', '그것이 싫다'는 소극적인 표현 방식이다.

프랑스어에는 이런 구분이 없으며 대체로 사람을 주어로 하는 적극 감정 표현 방식을 즐겨 쓴다. 따라서 우리는 감정을 표현할 때 적극적인 방식으로 해야 한다고 머리에 넣어둘 필요가 있다.

A하느니 차라리 B하는 게 좋겠어요 → A보다 B를 더 좋아해요
je préfère B plutôt que (de) A

여기서 A와 B는 부정법이며, de가 없는 것이 좀 더 구어적인 표현이다. A와 B에 명사가 오면 전치사는 à가 되어 'préférer B à A'가 된다.

저는 시골보다는 도시가 더 좋아요.
= *Je préfère la ville à la campagne.*

죽다 : mourir
수술을 받다 : être opéré(e), se faire opérer

'수술하다'가 opérer이므로 '수술을 받다'는 수동태인 'être opéré(e)'가 된다. 그런데 수술을 받는 것은 대개 자기가 의사에게 요구해서 받는 것이므로 「se faire + 부정법」를 쓸 수도 있겠다. 남에게 시키되 자기의 소유물이나 자기 자신이 그 행위의 대상이 될 때는 「se faire + 부정법」을 쓴다는 것을 앞에서 공부한 바 있다. 그러니까 '수술을 받다'를 'se faire opérer'로 쓸 수도 있겠다.

둘 중 어느 것을 써도 좋겠다. 다만 앞에서 공부한 바와 마찬가지로 수동태는 「se faire + 부정법」과 달리, 자신의 의지에 관계없이 행위를 당하는 것을 의미할 수도 있다는 점을 고려하면 여기서는 수동태가 조금 더 적합하다고 볼 수도 있을 것이다. 왜냐하면 지금 환자는 수술을 원하지 않으므로.

▶ 문장
의사 선생님, 저는요 수술을 받느니 차라리 죽는 게 좋겠어요...
⇒ Docteur, je préfère mourir plutôt qu'être opéré ...

2. 걱정하지 말아요, 수술한다고 꼭 사는 게 아니니까.

▶ 단어와 표현
...을 걱정하다 : s'inquiéter de ...
걱정하지 마(세요) : Ne vous inquiétez pas, Ne t'inquiète pas
수술한다고 꼭 사는 게 아니다→수술은 죽음을 배제하지 않는다 :
  l'opération n'exclut pas la mort
'수술한다고 꼭 사는 게 아니다'. 이것을 프랑스어로 하면...? 머리가 지끈거린다. 문장 구조가 너무 복잡하니까. 이럴 땐, 프랑스어는 명사에 의한 간단한 표현을 좋아한다는 점을 상기하기 바란다. '수술한다고'라는 표현을 일단 '수술은(l'opération)'이라고 생각해 보라. 그러면 문장이 매우 간단해진다. '수술은 죽음을 배제하지 않는다'라고 말이다.

▶ 문장
걱정하지 말아요, 수술한다고 꼭 사는 게 아니니까.
⇒ Ne vous inquiétez pas, l'opération n'exclut pas la mort.

C 프랑스어로!

- Docteur, je préfère mourir plutôt qu'être opéré...
- Ne vous inquiétez pas, l'opération n'exclut pas la mort.

3. 걱정하지 말아요 II
Ne vous inquiétez pas II

A 한국어로!

"의사 선생님, 어떻게 생각해야 할지 모르겠습니다. 선생님은 제가 암이라고 하시지만, 제가 진료를 받은 다른 의사들은 양성 종양이라고 진단했는 걸요."
"걱정하지 말아요. 곧 부검에서 내 말이 옳다는 걸 보게 될 테니까."

B 번역 공부

1. 의사 선생님, 어떻게 생각해야 할지 모르겠습니다.

▶ 단어와 표현

...라고 생각하다 : penser que ...

'생각하다'는 프랑스어로 penser이다. 그런데 penser를 쓸 때는 우리말과의 차이로 인해 주의해야 할 사항이 하나 있다.

'저는 **그렇게** 생각합니다.'를 프랑스어로는 어떻게 할까? 'Je pense comme ça.'라고 하기 쉽다. 그러나 그렇지 않다. 'Je le pense.'라고 해야 한다. 우리말에서는 '...고'가 부사절이라서 '그렇게'로 받지만, 프랑스어의 'que ...'는 명사절이라서 'le'(그것을)로 받아야 하는 것이다.

또 '거기에 대해서 **어떻게** 생각하세요?'는 프랑스어로 어떻게 될까? '거기에 대해서'는 en이라고 하니까 'Comment est-ce que vous en pensez ?'라고 하기 쉽다. 그러나 이것도 틀리다. 왜냐하면 앞서 말한 대로 프랑스어의 'que ...'는 명사절이라서 'qu'est-ce que'(무엇을)로 해야 하기 때문이다. 따라서 '**Qu'est-ce que** vous en pensez ?'라고 해야 하는 것이다.

기억해 두자.

저는 그렇게 생각합니다.
= *Je le pense.*

저는 그렇게 생각하지 않는데요.
= *Je ne le pense pas.*

선생님은 어떻게 생각하시지요?
= *Qu'est-ce que vous en pensez ?*
= *Qu'en pensez-vous ?*

자, 이제 배운 것을 좀 더 일반화해 보자. 이런 식으로 사용되는 동사는 비단 penser뿐이 아니다. 머리 속으로 '생각'하는 행위를 뜻하는 모든 동사들, 예컨대 'croire(믿다, 생각하다)', 'imaginer(상상하다)', 'deviner(추측하다)', 'espérer, souhaiter(희망하다, 기대하다)', 'décider(결정하다, 결심하다)' 등이 다 위와 같이 된다.

뿐만 아니라 'dire(말하다)'를 비롯해서, 'répondre(대답하다)', 'demander(묻다)', 'souligner(강조하다)', 'proposer(제안하다)' 등, '말로 의사를 표명하는' 것을 뜻하는 모든 동사들에 있어서도 마찬가지다.

그 사람은 그렇게 말했어.
= *Il l'a dit.*

전 그렇게 말하지 않았는데요.
= *Je ne l'ai pas dit.*

그 여자는 어떻게[뭐라고] 말했어?
= *Qu'est-ce qu'elle a dit ?*
= *Qu'a-t-elle dit ?*

☞ **정리하자** : 프랑스어에서는 '말하다'나 '생각하다'의 뜻을 가지는 모든 동사들이 '이렇게(그렇게)'는 le로 하고, '어떻게'는 que로 한다.

어떻게 생각해야 할지 모르겠습니다 : je ne sais que penser, Je ne sais (pas) quoi penser

자 그러면 이제 본문에 나오는 문장 '어떻게 생각해야 좋을지 모르겠군요.'를 프랑스어로 표현할 준비가 되었다. '어떻게'는 'qu'est-ce que'나 'que'로 해야 한다는 것을 알았으니 말이다.

어떻게 생각해야 좋을지 모르겠군요.
= Je ne sais que penser.

이것은 굳어진 표현인데, pas를 생략해야 한다는 점을 주의해야 한다. pas의 생략에 적응이 안되면, 다음과 같이 quoi를 이용한 표현을 기억해 두자.

어떻게 생각해야 좋을지 모르겠군요.
= Je ne sais (pas) quoi penser.

여기서는 pas를 생략해도 좋고 안 해도 좋다.

▶ 문장
의사 선생님, 어떻게 생각해야 할지 모르겠습니다.
⇒ Docteur, je ne sais que penser.

2. 선생님은 제가 암이라고 하시지만,

▶ 단어와 표현
선생님은 …라고 하시지만, : Vous dites que …, mais …
나는 암이다 → 나는 암에 걸렸다 : j'ai un cancer.
'병이 있다', '병에 걸리다'는 'avoir + 병명'. (4부 「구두쇠」 '1. IMF식 건강진단'의 7. 참조)

▶ 문장
선생님은 제가 암이라고 하시지만
⇒ Vous dites que j'ai un cancer, mais …

3. 제가 진료를 받은 다른 의사들은 양성 종양이라고 진단했는 걸요.

▶ 단어와 표현

의사에게 진료를 받다 : consulter un médecin [docteur]
내가 진료를 받은 의사들 : les docteurs que j'ai consultés
'내가 진료를 받은 다른 모든 의사들'은 'tous les autres docteurs que j'ai consultés'.

...라고 진단하다 : diagnostiquer ...
종양 : une tumeur
양성 종양 : une tumeur bénigne

▶ 문장

제가 진료를 받은 다른 의사들은 양성 종양이라고 진단했는 걸요.
⇒ (Mais) tous les autres docteurs que j'ai consultés diagnostiquent une tumeur bénigne.

4. 걱정하지 말아요. 곧 부검에서 내 말이 옳다는 걸 보게 될 테니까.

▶ 단어와 표현

걱정하지 말아요 : Ne vous inquiétez pas.
...라는 것을 보게[알게] 될거예요 : On verra que ...
'나중에 알게 되겠죠.'나 '이따 보면 알겠죠.'라고 할 때는 목적어를 쓰지 않고 그냥 'On verra.'라고 한다.

부검 : l'autopsie
내 말이 옳다 → 내가 옳다 : c'est moi qui ai raison.
프랑스어에서는 '내 말'을 굳이 'mes paroles'이라고 하지 않는다. 그저 'je'라고 한다. 따라서 '...이 옳다'는 'avoir raison'이므로 '내 말이 옳다'는 'j'ai raison'이 된다. 그런데 여기서는 조금 더 강조하는 문맥이므로 'c'est ... qui' 구문을 이용하여 'c'est moi qui ai raison.'이라고 하면 좋겠다.

▶ 문장
걱정하지 말아요. 곧 부검에서 내 말이 옳다는 걸 보게 될 테니까.
⇒ Ne vous inquiétez pas. On verra bientôt à l'autopsie que c'est moi qui ai raison.

C 프랑스어로!

- Docteur, je ne sais que penser. Vous dites que j'ai un cancer. Mais tous les autres docteurs que j'ai consultés diagnostiquent une tumeur bénigne.
- Ne vous inquiétez pas. On verra bientôt à l'autopsie que c'est moi qui ai raison.

4. 젊은 의사의 허풍
La vantardise d'un jeune médecin

A 한국어로!

의대를 갓나온 한 젊은 의사가 병원을 차린다. 아직 알려지지 않은 관계로 대기실은 텅 비어 있다. 어느 날 아침, 출입문 벨이 울리자, 그는 허풍을 떤다.
"어서 오세요, 앉으세요, 진료 보던 것 마치고 잠시 후에 봐 드리겠습니다."
이렇게 말하고는 곧바로 마치 바쁘다는 듯이 여기 저기 전화를 걸더니 마침내 방문객을 향해 돌아 앉으며 어떻게 오셨냐고 묻는다.
방문객이 대답하기를, "저, 전화국에서 왔는데요, 전화선 놓으러 왔는데요."

B 번역 공부

1. 의대를 갓나온 한 젊은 의사가 병원을 차린다.

▶ 단어와 표현

젊은 의사 : un jeune médecin

'여의사'는 'une médecin', 'une doctoresse' 혹은 'une femme médecin'이라고 한다.

대학을 나왔다 : être sorti(e) de l'université, (→학위가 있다) être diplômé(e) de l'université

'**대학을 나왔다'라고 할 땐 우리말처럼 sortir 동사를 쓸 수 있다.

> 그 사람, K대학 나왔어.
> = Il est sorti de l'Université de K.

또는 '대학 졸업장이 있다'(être diplômé de)는 식으로 표현할 수도 있다.

> 그 사람, K대학 나왔어.
> = Il est diplômé de l'Université de K.

대학 이름을 언급하지 않고 쓸 때는 'sortir'를 쓸 수 없고 'diplômé'를 쓴다.

> 그 사람, 대학 나왔어.
> (✗)= Il est sorti de l'université.
> (○)= Il est diplômé de l'université.

참고로, 대학명을 프랑스어로 쓸 때는 대학명이 장소명일 경우에는

'de'를 쓰는 반면 장소명사가 아닐 때는 'de'를 안 쓰는 것이 일반적임을 알아 두자.

* 대학명이 장소명일 때 : 'de'를 씀
    보르도 대학교 : *l'Université de Bordeaux*
    (국립) 서울 대학교 : *l'Université (Nationale) de Séoul*

* 대학명이 장소명이 아닐 때 : 'de'를 안 씀
    미셸 드 몽테뉴 대학교 : *l'Université Michel de Montaigne*
    르네 데카르트 대학교 : *l'Université René Descartes*
    연세 대학교 : *l'Université Yonsei*
    고려 대학교 : *l'Université Koryo*
    숙명 여자대학교 : *l'Université Féminine Sookmyung*

* 대학명이 장소명이라도 뒤에 숫자가 오면서 그 표현 전체가 브랜드명을 나타낼 때는 'de'를 안 씀
    파리 10대학교 : *l'Université Paris 10*

갓[방금] : tout juste(문어 · 구어 공통), tout frais(구어)

'방금', '갓'은 프랑스어로 'tout juste'(문어 · 구어 공통)나, 'tout frais'(구어)로 한다.
따라서 '갓 나온'은 다음과 같이 표현될 수 있다.

tout juste sorti (문어 · 구어 공통)
tout juste diplômé (문어 · 구어 공통)
tout frais sorti (구어)

그렇다면 '갓 나온 책'은? 'un livre tout frais sorti'가 된다.

의대 la Faculté de Médecine
종합대학은 université지만 단과대학은 faculté다. 영어의 college를 생각하고 collège라고 하면 안 된다. collège는 프랑스어에서 '중학교'니까.

다음 몇 가지 단과대학의 예를 외워두자.

의과대학 : *la Faculté de Médecine*
법과대학 : *la Faculté de Droit*
사범대학 : *la Faculté de Pédagogie*
공과대학 : *la Faculté de Polytechnique*
음악대학 : *la Faculté de Musique*
문과대학 : *la Faculté des Lettres*
인문대학 : *la Faculté des Sciences Humaines*
사회과학대학 : *la Faculté des Sciences Sociales*
예술대학 : *la Faculté des Arts*
미술대학 : *la Faculté des Beaux Arts / Les Beaux Arts*

관사 문제가 항상 골치아픈데, 위에서 보듯이 단수일 때는 관사를 쓰지 않고(즉 de), 복수일 때는 정관사를 쓴다(즉 des).

병원을 차리다[내다] : ouvrir un cabinet
여기서 병원이라면 작은 의원일테니까 'un cabinet'라고 하면 되겠다. 병원이나 가게 등을 '차리다', '내다'라고 할 때는 영어에서 들어온 단어 '오픈하다'로 생각하기 바란다. 즉 ouvrir.

▶ **문장**
의대를 갓나온 한 젊은 의사가 병원을 차린다.
⇒ Un jeune médecin, (tout frais / tout juste) sorti de la Faculté de Médecine, ouvre un cabinet.

2. 아직 알려지지 않은 관계로 대기실은 텅 비어 있다.

▶ 단어와 표현
  아직 알려지지 않았다 → 아직 아무도 그를 모른다 : Personne ne le connaît encore / Peu de personnes le connaissent encore
수동태로 'Il n'est pas encore connu.'로 써도 되겠다.

  대기실 une salle d'attente
  텅 비어 있다 : être complètement vide

▶ 문장
  아직 알려지지 않은 관계로 대기실은 텅 비어 있다.
  ⇒ Personne ne le connaît encore, et sa salle d'attente est complètement vide.
  '...인 관계로'는 이유를 표현하나 프랑스어에서는 분명히 인과관계를 명시적으로 나타내야 할 이유가 없을 때는 굳이 'parce que'나 'alors' 같은 표현을 쓰지 않는 것이 보통이다. 그래서 'et'로 만족하자.

3. 어느 날 아침, 출입문 벨이 울리자, 그는 허풍을 떤다.

▶ 단어와 표현
  어느 (날) 아침 : un beau matin(문어적), un matin(구어적)
  '어느 날'은 'un jour'이지만 '어느 날 아침'은 그냥 '어느 아침'이라고 한다.

  출입문 : une porte d'entrée
  벨 : une sonnette
  (벨이) 울리다 : (la sonnette) retentir

허풍을 떨다 : se vanter, bluffer
bluffer는 영어에서 온 단어로 구어에서만 쓴다.

▶ 문장
어느 날 아침, 출입문 벨이 울리자, 그는 허풍을 떤다.
⇒ Quand, un (beau) matin, la sonnette de sa porte d'entrée retentit, il se vante:

4. 어서 오세요, 앉으세요, 진료 보던 것 마치고 잠시 후에 봐 드리겠습니다.

▶ 단어와 표현
어서 오세요 : Bonjour !
'어서 오세요.'는 프랑스어로 직역하면 안 된다. 손님이나 환자가 들어왔을 때 전형적으로 하는 인사는 'Bonjour !'이다.

앉으세요 : Je vous en prie, asseyez-vous,
프랑스어로 명령문을 쓸 때는 조심해야 한다. 그냥 명령문만을 쓰면 그야말로 명령조로 들리기 십상이기 때문이다. 그래서 's'il vous plaît'나 'Je vous en prie' 따위를 함께 쓰는 것이 좋다. 거기다가 'monsieur'나 'madame, mademoiselle' 따위를 덧붙이면 더욱 예의를 갖추는 것이 되겠다.

진료 : la consultation
진료를 마치다 : (terminer / finir) la consultation
진찰보던 것 : sa consultation
우리말에는 '...것'이라는 논리적으로 이상한 표현이 있다. 다음과 같은 표현들이다.

너 여기 **동전 떨어진 것** 못 봤니?
짜장면 시켜 놓은 것 누가 먹었어?
그 녀석이 극장에서 나오는 걸 잡았지.

여기서 진한 부분의 '것'절은 논리적으로는 닿지 않는 표현들이다. 논리적으로 올바른 문장은 다음과 같을 것이다.

너 여기 **떨어진 동전** 못 봤니?
시켜 놓은 짜장면 누가 먹었어?
극장에서 나오는 그 녀석을 잡았지.

이 같은 이상한 '…것'은 위와 같이 논리적인 형식으로 돌려놓고 생각하여 프랑스어로 옮기는 습관이 필요하다.

자 그러면 '진찰 보던 것'은 어떻게 생각하여야 할까? '내가 보던 진찰'이라고 돌려서 생각하면 되겠다. 그럴 때는 프랑스어로 간단히 소유형용사로 하면 된다. 즉 'la consultation'이 아니라 'ma consultation'이 되는 것이다.

봐 드리겠습니다 : je suis à vous, je m'occupe de vous
우리는 's'occuper de'를 '돌보다', '돌봐주다'로 생각하기 때문에 (사전에 그렇게 나와 있어서) 어린이한테만 쓰는 것으로 생각하기 쉽다. 그래서 이런 상황에서 언뜻 이것을 떠올리지 못하는 경향이 있다. 's'occuper de'는 '…의 일을 봐 주다[담당하다]'의 뜻이라고 생각해야 한다. 따라서 '봐 드리겠습니다'는 'Je m'occupe de vous.'가 된다. 그런데 프랑스인들은 격식체로 'Je suis à vous.'라는 표현도 많이 쓴다. 직역하면 내가 당신 거라는 지나치게 아부하는 것같은 뜻이다. 그러나 여기서 'je'는 '나'라기 보다는 '나의 시간'(mon temps)의 환유라고 할 수 있다. 실제로 이런 표현도 쓴다. 'Mon temps est à vous.'(제 시간은 당신 겁니다).

잠시 후에 : dans (un instant / une minute / une seconde)

보통 '잠깐(만)'이라고 할 때는 'Un instant'이라고 한다. 그런데 속어에서는 'Une minute !'나 더 과장적으로 'Une seconde !'나 'Deux secondes !'라고 하기도 한다. 물론 글자 그대로 '일 분만'이라든가 '일 초만' 내지 '이 초만'이라는 뜻은 아니고, '잠깐만'이라는 뜻이다.

'... 후에'는 dans이다. 따라서 '잠시 후에'는 'dans un instant', 'dans une minute', 'dans une seconde' 등이 된다.

한편, dans이 장소를 뜻할 때 '... 안에'라는 뜻이기 때문에 우리 나라 사람들은 흔히 이것을 '... (이)내에'라고 생각하는데, 이것은 잘못이다. '...(이)내에'라고 할 때에는 'd'ici ...'를 쓴다.

2시간 이내에 : *d'ici deux heures*
2시간 이내에 돌아올게 : *Je serai de retour d'ici deux heures.*

행위가 이루어지는 데 일정 시간이 안 걸린다는 뜻일 때의 '... 이내에'는 'en moins de ...'를 쓴다.

2시간 이내에 끝낼게.
= *Je terminerai en moins de deux heures.*

여기서는 행위를 하는 데 2시간이 안 걸려 끝내겠다는 뜻이다. 반면에 위의 '2시간 이내에 돌아올게.'는 돌아오는 행위를 하는 데 2시간이 덜 걸리게 하겠다는 뜻이 아니라 '지금부터 2시간 이내에 돌아올게'라는 뜻이다.

한편 '... 이전에'라고 하면 avant을 쓴다.

2시 이전에 : *avant deux heures.*
주말 이전에 돌아올게 : *Je reviendrai avant la fin de la semaine.*

▶ 문장

어서 오세요, 앉으세요, 진찰 보던 것 마치고 잠시 후에 봐 드리겠습니다.
⇒ Je vous en prie, Monsieur, asseyez-vous, je (termine / finis) ma consultation et je suis à vous dans un instant.

5. 이렇게 말하고는 곧바로 마치 바쁘다는 듯이 여기 저기 전화를 걸더니 마침내 환자를 향해 돌아 앉으며 어떻게 오셨냐고 묻는다.

▶ 단어와 표현

이렇게 말하다 : dire cela, le dire

앞서 공부한 대로(3. 걱정하지 말아요 II) 프랑스어에서는 '말하다'나 '생각하다'의 뜻을 가진 모든 동사들이 '이렇게(그렇게)'는 le로 하고, '어떻게'는 que로 한다. 따라서 '이렇게 말하다'는 'le dire'가 되는데, le 대신에 cela를 써도 좋다.

A하고는[하자마자, 하기가 무섭게] 곧바로 B하다 : à peine A que B

'à peine'는 '겨우'라는 뜻의 부사이므로 과거분사 앞에 놓거나 문두에 놓는다. 문두에 놓으면 주어-동사를 도치한다.

이렇게 말하고는 곧바로 전화를 건다.
= Il a *à peine* dit cela qu'il téléphone. [과거분사 앞]
= *A peine* a-t-il dit cela qu'il téléphone. [문두, 도치]

시제는 A 행위가 B 행위보다 먼저 일어나므로 A의 시제가 B의 시제보다 앞서게 해야 한다.

들어오자마자 곧바로 나가야 돼.
= *Je suis à peine rentré que je dois ressortir.* [복합과거-현재]

들어오자마자 곧바로 나가야 됐어.
= J'étais à peine rentré que j'ai dû ressortir. [대과거-복합과거]

여기 저기→여러 곳에 : à plusieurs endroits
...인 척하다 : faire semblant de ...
바쁘다 : être occupé(e)
바쁜 척하며 : en faisant semblant d'être occupé
이렇게 말하고는 마치 바쁘다는 듯이 여러 곳에 전화를 건다 :
A peine a-t-il dit cela qu'il téléphone à plusieurs endroits, en faisant semblant d'être occupé

방문객 : un visiteur, une visiteuse
...을 향해 돌아 앉다 : se tourner vers ...
마침내 ...하다 : finir par ...
발상의 전환을 하자. 우리말의 부사를 프랑스어로도 부사로 옮기려 하지 말고 동사로 옮겨 보자. 즉 '마침내'를 enfin으로 생각하지 말고 'finir par'로 옮겨 보자. 이것이 더 프랑스어적 표현인 경우가 많다. '마침내 돌아 앉다'는 'finir par se tourner'가 된다.

어떻게 오셨어요? :
1. Pourquoi êtes-vous venu(e) ?
우리말식으로 꾸며 본 문장이다. 맞는 문장이고 이렇게도 쓴다. 그러나 다소 다짜고짜 묻는 듯한 느낌이다. 여기에 온 목적이 무엇인지를 묻는 문장이다.

2. Pour quelle raison êtes-vous venu(e) ?
이것은 위의 표현에 비하면 조금 모호하다. 여기에 온 목적을 묻는 것일 수도 있고 어떻게 하다가 여기에 오게 되었냐는 경위를 묻는 것일 수도 있기 때문이다.

3. Qu'est-ce qui vous amène ici ?

이것이 우리말의 뜻을 가장 잘 드러낸 문장이다. 방문의 목적을 물을 때 프랑스인들이 가장 즐겨 쓰는 전형적인 문장이기 때문이다.

4. Puis-je vous aider ?

이것은 특히 상점같은 곳에서 손님에게 하는 말이다. 우리 나라 점원은 매우 직접적으로 '어떻게 오셨어요?'하고 묻지만, 이런 상황에서 프랑스 점원은 대체로 '도와드릴까요?'하고 묻는다.

어떻게 오셨냐고 그에게(=방문객에게) 묻다 :
lui demander (ce qui l'amène / pour quelle raison il est venu / pourquoi il est venu)

간접화법에서는 유의할 것이 있다. 첫째 주어-동사의 도치가 풀어진다. 둘째 'qu'est-ce qui'는 'ce qui'로, 'qu'est-ce que'는 'ce que'로 바뀐다.

A를 하고 B를 하다 → B하기 위해 A를 하다 : A pour B

하나의 행위를 하고 나서 다른 행위를 할 때 접속사 et로 연결하면 될 것이다.

> 방문객을 향해 돌아서서 그에게 묻는다
> = *se tourner vers son visiteur **et** lui demander*

그러나 프랑스어에서는, 거꾸로, 뒤에 한 행위를 앞서 한 행위의 목적처럼 구성하기를 즐겨한다. 따라서 다음과 같이 pour로 연결해 보자.

> 방문객을 향해 돌아서서 그에게 묻는다
> = *se tourner vers son visiteur **pour** lui demander*

▶ 문장

이렇게 말하고는 마치 바쁘다는 듯이 여러 곳에 전화를 걸고는 마침내 환자를 향해 돌아 앉으며 어떻게 오셨냐고 묻는다.

⇒ A peine a-t-il dit cela qu'il téléphone à plusieurs endroits, en faisant semblant d'être occupé, et finit par se tourner vers son visiteur pour lui demander ce qui l'amène.

6. 방문객이 대답하기를, "저, 전화국에서 왔는데요, 전화선 놓으러 왔는데요."

▶ 단어와 표현

방문객이 대답하기를 → 후자가 대답하기를 :

(Celui-ci / Ce dernier) lui répond :

프랑스어는 반복을 싫어하는 언어라서 명사적 표현이 두 번째 나올 때는 항상 대명사로 바꾸어 쓴다. 여기서 방문객은 바로 앞 문장에서 'son visiteur'와 'lui'로 나왔기 때문에 가장 마지막으로 나온 인칭대명사(후자)를 뜻하는 'celui-ci'나 'ce dernier'를 쓰면 되겠다.

저 : Euh, eh bien

말을 처음 꺼낼 때 우리가 '저'라고 하듯이 프랑스인들은 보통 'Euh, eh bien'이라고 한다.

전화국 : Orange

프랑스의 전화 사업자 가운데 가장 큰 기업이 'Orange'이다. 그러므로 전화국 하면 opérateur téléphonique이라고 하는 것보다 그냥 'Orange'라고 하는 것이 더 일반적이다.

전화국에서 왔는데요 → 전화국 직원[기능공]인데요 :

je suis un technicien d'Orange

'전화국에서 왔어요'를 프랑스어로 직역하여 'Je viens d'Orage.'이라고 하면 '전화국에서 오는 길이예요.'라는 뜻이 되어 버린다. 따라서 '전화국 기능공인데요.'라고 돌려서 표현하여야 한다.

그런데 여기서 문제가 되는 것은 관사의 사용이다. 'il[elle] est'나 'ils[elles] sont' 다음에 사람의 직업, 국적, 종교 따위를 뜻하는 명사가 오면 관사를 안 쓰는 것이 원칙이다.

　　저는 기능공[기술자]입니다. *Je suis technicien(ne).*
　　저는 한국인이에요. *Je suis Coréen(ne).*
　　저는 카톨릭 신자예요. *Je suis catholique.*

그러나 그러한 명사라도 수식어가 붙으면 부정관사를 써야 한다. 여기서는 'technicien'에 'de France Télécom'이 붙으므로 un을 써야 한다.

　　저는 전화국 기능공[기술자]입니다. *Je suis un technicien d'Orange.*

그렇다면 '제가 바로 전화국의 그 기능공입니다.'라고 강조하려면 어떻게 해야 할까? 그 때는 정관사를 쓴다.

　　제가 바로 전화국의 그 기능공[기술자]입니다.
　　Je suis le technicien d'Orange.

전화선 : une ligne (de téléphone / téléphonique)
전화선을 놓다[가설하다] :
　　installer la ligne (de téléphone / téléphonique)
…하러 오다 : venir (pour) + 부정법
'aller' (가다), 'venir' (오다), 'partir' (떠나다), 'arriver' (도착하다), 'monter' (올라가다), 'descendre' (내려가다), 'sortir' (나가다), 'revenir' (돌아오다) 등처럼 장소의 이동을 나타내는 동사들('이동동사'

라 함)은 '...하러'가 함께 올 경우 보통 전치사 pour를 쓰지 않는 특징을 갖고 있다.

너 어디 가니? : *Où vas-tu ?*
밥 먹으러 가. : *Je vais manger.*

그러나 뒤에 오는 표현이 길 때는 쓸 수도 있다.

전화선 놓으러 왔는데요.
= *Je suis venu (pour) installer votre ligne (de téléphone / téléphonique).*

▶ 문장
방문객이 대답하기를, "저, 전화국에서 왔는데요, 전화선 놓으러 왔는데요."
⇒ (Celui-ci / Ce dernier) lui répond:
 - Euh bien, je suis un technicien de France Télécom: je suis venu (pour) installer votre ligne (de téléphone / téléphonique).

프랑스어로!

Un jeune médecin, *(tout frais / tout juste)* sorti de la Faculté de Médecine, ouvre un cabinet. Personne ne le connaît encore, et sa salle d'attente est complètement vide. Quand, un *(beau)* matin, la sonnette de sa porte d'entrée retentit, il se vante:

- Je vous en prie, Monsieur, asseyez-vous, je *(termine / finis)* juste ma consultation et *(je suis à vous / je m'occupe de vous)* dans un instant ...

A peine a-t-il dit cela qu'il téléphone à plusieurs endroits, en faisant semblant d'être occupé, et finit par se tourner vers son visiteur pour lui demander ce qui l'amène.

(Celui-ci / Ce dernier) lui répond:

- Euh, eh bien, je suis juste un technicien d'Orange : je suis venu pour installer votre ligne *(de téléphone / téléphonique)*.

5. 두통
Mal de tête

A 한국어로!

한 식인종이 두통을 호소한다. 위대한 마법사가 그를 진찰해 보더니 이렇게 말한다.
"지식인들을 너무 많이 먹어서 그래."

B 번역 공부

1. 한 식인종이 두통을 호소한다.

▶ 단어와 표현

두통 : le mal de tête, les maux de tête (복수)

...호소하다, 불평하다 : se plaindre de ...

plaindre는 '동정하다, 가엾게 여기다'라는 뜻으로, 다음과 같이 쓴다.

Je les plains. 그 사람들 안 됐구나.

여기에 se를 붙여 만들어진 'se plaindre de'는 자신을 가엾게 여긴다는 뜻이므로, '불평하다', '호소하다'라는 의미가 된다. 뒤에는 명사를 쓸 수도 있고 동사를 쓸 수도 있다. 따라서 '두통을 호소하다, 두통을 불평하다'는 'se plaindre de maux de tête' 또는 'se plaindre d'avoir mal à la tête'가 된다. 앞의 것이 약간 더 문어적인 느낌을 준다.

▶ 문장

한 식인종이 두통을 호소한다.

⇒ (Un cannibale / Un anthropophage) se plaint (d'avoir mal à la tête / de maux de tête).

2. 위대한 마법사가 그를 진찰해 보더니 이렇게 말한다.

▶ 단어와 표현

마법사 : un sorcier

'위대한 마법사'는 'un grand sorcier'이다. 그런데 여기서는 그 부족의 누구나 아는 마법사일 것이므로 정관사를 써야 하겠다. 더구나 '유명한'이라는 뉘앙스를 주고 싶을 때는 항상 정관사가 가능하므로 이래

저래 정관사를 써야 하겠다. 따라서 'le grand sorcier'.
'마술사'는 magicien(ne)라고 하고, 손을 쓰는 마술사는 presdigitageur라고 한다.

진찰하다 : examiner

▶ 문장
위대한 마법사가 그를 진찰해 보더니 이렇게 말한다.
⇒ Le grand sorcier l'examine et lui dit:

3. "지식인들을 너무 많이 먹어서 그래."

▶ 단어와 표현
지식인 : intellectuel
...을 너무 많이 먹다 → 너무 많은 ...을 먹다 : manger trop de ...
지식인들을 너무 많이 먹다 : manger trop d'intellectuels.

...해서 그래 → ...했기 때문이야 : c'est parce que ...

▶ 문장
"지식인들을 너무 많이 먹어서 그래."
⇒ - C'est parce que tu as mangé trop d'intellectuels.

C 프랑스어로 !

(Un cannibale / Un anthropophage) se plaint (d'avoir mal à la tête / de maux de tête). Le grand sorcier l'examine et lui dit:
- C'est parce que tu as mangé trop d'intellectuels.

4부 : 구두쇠
LES AVARES

1. IMF식 건강진단
Un examen médical à la *FMI*

A 한국어로!

통증이 계속되어서 Eric은 의사를 보러 가기로 결심한다. 의사는 그를 진찰해 보더니 분명하게 진단을 내리려면 소변 검사를 한 번 해 봐야 된다고 알려 준다. 그래서 Eric에게 다음 날 오줌을 작은 병에 담아 오라고 말한다. Eric은 다음 날 무지무지하게 큰 플라스크를 들고 의기양양하게 나타난다. 의사는 그렇게 많이 담아올 필요가 없었다고 다정하게 말하고, 검사를 실시하고는 몇 분 뒤 말한다.
"선생님, 기쁜 소식입니다. 선생님의 오줌은 지극히 정상적이예요. 그러니까 선생님은 아무 병도 없습니다."
Eric은 즐거운 마음으로 집으로 돌아와서 아내에게 알려 준다.
"의사 선생님이 우리 집 식구 오줌이 완전히 정상이래. 그러니까 우리 모두 이상없어. 우리 개도 이상 없는 거지."

B 번역 공부

0. IMF식 건강진단

▶ 단어와 표현
IMF : le FMI

「국제 통화 기금」인 IMF(International Monetary Fund)는 프랑스어로는 FMI가 된다. 왜냐하면 'Fonds Monétaire International'이기 때문이다. 이처럼 프랑스어의 어순은 영어와 반대가 되는 경우가 많은데 몇 가지 예를 보자.

> NATO (**N**orth **A**tlantic **T**reaty **O**rganisation)
> → O.T.A.N. (**O**rganisation du **t**raité de l'**A**tlantique **N**ord)
> UN (**U**nited **N**ations)
> → O.N.U. (**O**rganisation des **N**ations **U**nies)
> EU (**E**uropean **U**nion)
> → UE (**U**nion **e**uropéenne)
> OECD (**O**ragnisation for **E**conomic **C**o-operation and **D**evelopment)
> → OCDE (**O**ragnisation de **c**oopération et de **d**éveloppement économiques)
> WHO (**W**orld **H**ealth **O**rganization)
> → OMS (**O**rganisation **m**ondiale de la **S**anté)
> AIDS (**A**cquired **I**mmune **D**eficiency **S**yndrome)
> → SIDA (**S**yndrome d'**I**mmunodéficience **A**cquise)

건강진단 : un examen médical
...식 : à la + 명사

'...식'이라고 하면 프랑스어로 'à la + 여성형용사' 또는 'à la + 고유명사'라고 한다.

프랑스식의[으로] : *à la française*
영국식 식사 : *un repas à l'anglaise*
피카소식 그림 : *un tableau à la Picasso*
IMF식 건강진단 : *un examen médical à la FMI*

1. 통증이 계속되어서 Eric은 의사를 보러 가기로 결심한다.

▶ 단어와 표현
통증 : la douleur
통증이 계속되어서 : comme la douleur continue
　　　　　　　　　　 comme la douleur ne s'arrête pas
　　　　　　　　　　 après beaucoup de douleurs

'통증이 계속되어서'는 여러 가지 방법으로 표현할 수 있겠다. 먼저 우리말을 직역하여 'comme la douleur continue'라고 할 수 있다. 중급 이상의 프랑스어 학습자는 이미 알고 있겠지만, 이유를 표현하는 많은 접속사 중에서 우리말처럼 이유를 문두에 제시할 때는 parce que 보다는 comme를 쓴다.

이 때 '계속하다'를 '멈추지 않다'(ne pas s'arrêter de)로 표현하는 방법도 생각해 볼 수 있다. 그러면 'comme la douleur ne s'arrête pas'가 된다. 이처럼 프랑스어에서는 부정적으로 표현하는 방법을 많이 이용한다. [여기에 관해서는 「프랑스어식 사고법」 7장 「1. 부정형 표현」을 참조할 것.]

또 한 가지 방법은 명사적 표현으로 돌려서 간단히 하는 방법이다. 즉 동사까지 포함된 절을 쓰지 않고 「명사」나 「전치사+명사」로 간단히 표현하는 것이다. 여기서는 '많은 통증 후에', 즉 'après beaucoup de douleurs'라고 표현하면 되겠다. 이것이 자연스러운 프랑스어 표현이요 프랑스어식 사고법이다. 프랑스어는 명사적 표현을 즐겨 쓰는 언어이다.

douleur는 보통 '고통'이라는 표현에 해당하고 souffrances는 좀 더 추상적이고 정신적인 고통을 의미할 수 있으며 약간 더 문어적이다.

의사를 보러 가다 : aller voir le médecin
의사는 프랑스어로 보통 médecin이라고 한다. docteur라는 말도 있는데, '닥터 ***'이나 '전문의 ***'처럼 직함으로 쓸 때와 '의사 선생님' 하고 부를 때처럼 호칭으로 쓸 때는 docteur를 쓴다. 또 '의사를 부르다'의 뜻으로 'faire venir le docteur'라고 할 때 정도에 쓰인다.

…기로 결심한다 : décider de + 부정법, se résoudre à + 부정법
'décider de'에 비해 'se résoudre à'는 '망설이던 끝에 마침내 결심하다'라는 뜻이 강하다. 그래서 여기서는 후자가 조금 더 좋겠다.

의사를 보러 가기로 결심한다 : se résoudre à aller voir le médecin
　　　　　　　　　　　　　décider d'aller voir le médecin

▶ **문장**
통증이 심해서 Eric은 의사를 보러 가기로 결심한다.
⇒ Après beaucoup de douleurs, Eric se résout à aller voir le médecin.

2. 의사는 그를 진찰해 보더니 분명하게 진단을 내리려면 소변 검사를 한 번 해 봐야 된다고 알려 준다.

▶ **단어와 표현**
의사는 : Celui-ci
주어인 '의사는'은 'Le médecin'이라고 할 수 있겠지만, 바로 앞 문장의 끝 단어인 경우에는 바로 직전 남성 명사를 다시 받을 때 쓰는 대명사 'Celui-ci'를 써야 할 것이다.

진찰하다 : examiner
진단 : le diagnostic
진단을 내리다 : établir (le / son) diagnostic
분명하게 : de façon certaine
'...하게'라는 부사는 만들어 쓰면 된다. 「de façon + 형용사(여성형)」나 「de manière + 형용사(여성형)」로.

> 치사하게 : *de façon ignoble*
> 경제적으로 : *de façon économique*
> 구체적으로 : *de façon concrète*
> 정확하게 : *de manière précise*
> 상대적으로 : *de manière relative*

부정관사 une를 써서 「d'une façon + 형용사(여성형)」나 「d'une manière + 형용사(여성형)」를 써도 되며, 약간 더 강조적인 뉘앙스를 가진다.

분명하게 진단을 내리려면 : pour établir son diagnostic de façon certaine
소변 검사 : une analyse d'urines
검사용 소변은 복수로 쓰므로 urines로 한다.

소변 검사를 한 번 해 봐야 된다 : avoir besoin d'une analyse d'urines
누구에게 ...라고 알려주다 : apprendre à *qn* que ... [일반 구어체]
'알려주다'는 일반 구어에서는 'apprendre'를 쓴다.
그러나 격식체(그러니까 우리말의 '통지하다'나 '통보하다'와 같이 조금 공식적인 어감)로 하려면 'faire savoir' 혹은 'informer'라고 해야 한다.

누구에게 ...라고 알리다[통보하다] : informer *qn* que ..., faire savoir à *qn* que ... [격식체]

그 사람에게 우리의 출발 일자를 알려주었습니다[통보하였습니다].
= *Je l'ai informé de la date de notre départ.*

이 때 'informer'는 우리말과 달리 '...에게'를 위해 à를 쓰지 않음에 주의해야 한다.
한편 개인적으로 알려 주거나 통보한다고 할 때는 'faire part'를 쓴다.

제 결정을 알려주었습니다[통보했습니다].
= *J'ai fait part de ma décision.*

소변 검사를 한 번 해 봐야 된다고 그 사람한테 알려 준다 : l'informer qu'il a besoin d'une analyse d'urines

단순히 알려준다는 뜻이라기 보다는 의사의 소견을 통보하는 어감이므로 'informer'를 쓰는 것이 좋겠다.

▶ 문장
의사는 그를 진찰해 보더니 분명하게 진단을 내리려면 소변 검사를 한 번 해 봐야 된다고 알려 준다.
⇒ Celui-ci l'examine et l'informe qu'il a besoin d'une analyse d'urines pour établir son diagnostic de façon absolument certaine.

3. 그래서 Eric에게 다음 날 오줌을 작은 병에 담아 오라고 말한다.

▶ **단어와 표현**

그래서 donc
donc의 위치는 동사 다음 또는 문장 맨 앞이다.

Eric에게 ...하라고 말한다→요청한다 : il demande à Eric de ...
'말하다'는 dire이나 여기서는 의사가 환자에게 ...해 달라고 요청하는 의미이므로 demander가 좋겠다. dire를 쓰면 다소 명령하는 듯한 느낌을 줄 수 있으므로.

작은 병 un petit flacon
음료수 병같은 병은 'une bouteille'로, 약병이나 향수병같은 조금 작은 병은 flacon이라 한다.

오줌을 작은 병에 담아 오다→작은 오줌병을 가져오다 en apporter un petit flacon
'오줌을 작은 병에 담아 오다'라고 하면 프랑스어로 직역이 곤란하다. '담아서 오다'가 동사가 둘인 복문이 되기 때문이다. 이렇게 동사가 연이어 둘이 나오는 표현은 하나로 줄이는 것이 프랑스어식 사고법으로 표현하는 요령이 된다. 여기서는 '가져오다'로 바꾸는 것이 좋겠다.
그렇다면 목적어는 '오줌을 담은 작은 병'이 될텐데, 여기서는 '담다'에 집착하면 안 된다. 행위를 구체적으로 표현하는 경향이 있는 우리말과 달리 프랑스어는 행위를 추상적으로 표현하거나 아예 쓰지 않는 경향이 있는 것이다. 여기서는 '작은 오줌 병'으로 바꾸는 것이 좋겠다. 그러므로 'un petit flacon d'urines'가 될텐데, 'd'urines'가 앞에서 나온 표현이므로 en으로 바꿔 쓰는 것이 좋겠다.

다음 날 (pour) le lendemain
pour를 쓰면 예정된 시간이라는 뜻을 강조하거나 기간을 분명히하는 것이 된다.

▶ 문장
그래서 Eric에게 다음 날 오줌을 작은 병에 담아 오라고 말한다.
⇒ il demande donc à Eric de lui en apporter un petit flacon pour le lendemain.

4. Eric은 다음 날 무지무지하게 큰 플라스크를 들고 의기양양하게 나타난다.

▶ 단어와 표현
Eric은 : celui-ci
이 문맥에서는 'Eric은'을 il로 옮길 수 없다. 앞 문장의 주어도 il이었는데 Eric이 아니라 'le médecin'이었으니까.

플라스크 : une flasque
무지무지하게 큰→거대한 : énorme
무지무지하게 큰 플라스크 : une énorme flasque

...를 들고 나타난다 apparaître avec ...
'...을 들고'를 직역하면 '들다'(porter)의 현재분사형인 portant을 쓸 수 있겠다. 그러나 이런 표현보다 더 프랑스어적인 표현은 전치사 avec를 쓰는 것이다. 이제부터 '...을 들고'라고 하면 avec로 간단히 처리하기로 하자. [이에 대한 체계적인 학습은 「프랑스어식 사고법」의 3장 3.1.(부사적 표현을 전치사로)을 참조할 것.]

플라스크를 들고 나타난다
= *apparaître avec une flasque*

의기양양하게 : fièrement

▶ 문장
Eric은 다음 날 무지무지하게 큰 플라스크를 들고 의기양양하게 나타난다.
⇒ Celui-ci apparaît fièrement le lendemain (avec / portant) une énorme flasque.

5. 의사는 그렇게 많이 담아올 필요가 없었다고 다정하게 말하고, 검사를 실시하고는 몇 분 뒤 말한다.

▶ 단어와 표현
의사는 그에게 …라고 말한다 Le médecin lui dit que …   의사는 그에게 …라고 지적한다 Le médecin lui fait remarquer que …
'말하다'는 물론 dire이다. 그러나 여기서는 que 이하의 내용으로 보아 어떤 사실을 '지적'해 주는 것이므로 'faire remarquer'를 쓰는 것이 좋겠다. 우리말의 '지적하다'는 '잘못' 따위에 대해서만 쓰이므로 다소 부정적인 말이지만, 프랑스어의 'faire remarquer'는 그렇지 않으므로 활용하기 바란다.

다정하게 : aimablement
…할 필요가 없다 : il n'est pas nécessaire de …
…할 필요가 없었다 : il n'était pas nécessaire de …

…을 그렇게 많이 : autant de + 명사
그것을 그렇게 많이 가져오다 en apporter autant

의사는 그렇게 많이 담아올 필요가 없었다고 다정하게 말하고 :
Le médecin lui fait aimablement remarquer qu'il n'était pas nécessaire d'en apporter autant,

검사 : un examen
검사를 실시하다 : procéder à l'examen

몇 분 뒤 : au bout de quelques minutes
검사를 실시하고는 몇 분 뒤 말한다 : il procède à l'examen et, au bout de quelques minutes il dit:

▶ 문장
의사는 그렇게 많이 담아올 필요가 없었다고 다정하게 말하고, 검사를 실시하고는 몇 분 뒤 말한다.
⇒ Le médecin lui fait aimablement remarquer qu'il n'était pas nécessaire d'en apporter autant, puis il procède à l'examen et, au bout de quelques minutes, il dit :

6. 선생님, 기쁜 소식입니다. 선생님의 오줌은 지극히 정상적이에요.

▶ 단어와 표현
선생님 : Monsieur(남자일 경우), Madame(여자일 경우)
...라는 기쁜 소식입니다 : j'ai le plaisir de vous apprendre que...
'기쁜 소식입니다'는 'C'est une bonne nouvelle.'이라고 하면 된다. 그러나 뒤에 소식의 내용이 나올 때는 '...라는 것을 알려드리게 되어 기쁩니다'라고 한 문장으로 표현하는 것이 좋다. 그래서 'j'ai le plaisir de vous apprendre que ...'가 된다.

선생님의 오줌 : vos urines
검사용 오줌이므로 복수로 쓴다.

지극히 정상이다 : être tout à fait normal
우리말의 경우 '정상이다'와 가장 잘 어울리는 강조어는 '지극히'가

될 것이다. 프랑스어의 경우 normal과 가장 잘 어울리는 말은 'tout à fait'이다.

▶ 문장
선생님, 기쁜 소식입니다. 선생님의 오줌은 지극히 정상적이예요.
⇒ Monsieur, j'ai le plaisir de vous apprendre que vos urines sont tout à fait normales

7. 그러니까 선생님은 아무 병도 없습니다.

▶ 단어와 표현
병 : une maladie
병이 있다 : avoir une maladie

우리말에서는 병이나 증상 등에 대해 말할 때, 보통 '병에 걸리다', '병이 있다', '증상이 있다'라고 표현한다. 또 상처나 종기라면, '상처가 나다', '종기가 나다'라고 표현한다.

그러나 프랑스어에서는 어느 경우나 포괄적인 뜻을 가지는 동사 avoir를 쓴다. 상태를 매우 구체적으로 묘사하는 우리말과 달리 프랑스어는 상태를 포괄적으로 표현하기 때문이다. [보다 자세한 것은 「프랑스어식 사고법」 5장의 2.1을 참조할 것.]

나, 병이 있어[병에 걸렸어].
= J'ai une maladie.

병이 없다 : ne rien avoir

나, 병에 걸리지 않았어. / 나는 병이 없대.
= Je n'ai pas de maladie. / Je n'ai rien.

아무 병도 없다고 하려면 absolument을 써서 n'avoir absolument rien이라고 하면 된다.

나, 아무 병도 없어.
= Je n'ai absolument pas de maladie. / Je n'ai rien.

▶ 문장
그러니까 선생님은 아무 병도 없습니다.
⇒ et que vous n'avez donc absolument rien.
앞의 문장 '선생님, 기쁜 소식입니다. 선생님의 오줌은 지극히 정상적이예요.'에 이어지는 문장이고, '...라는 기쁜 소식입니다'의 '기쁜 소식'의 내용에 해당되므로, 'j'ai le plaisir de vous apprendre que...'의 que에 걸리도록 처리하는 것이 좋다. 그러므로 que를 앞세운다.

8. Eric은 즐거운 마음으로 집으로 돌아와서 식구들에게 알려 준다.

▶ 단어와 표현
즐거운 마음으로 : tout guilleret
집으로 돌아와서 ... : revenir chez lui et ...
아내에게 알려 준다 : annoncer à sa femme

▶ 문장
Eric은 즐거운 마음으로 집으로 돌아와서 아내에게 알려 준다.
⇒ Eric revient tout guilleret chez lui et annonce à sa femme :

9. 의사 선생님이 우리 집 식구 오줌이 완전히 정상이래.

▶ 단어와 표현
의사 선생님 : le docteur, le médecin
우리 집 식구 오줌 : les urines de notre famille
완전히 정상이다 : tout à fait normal

▶ 문장
의사 선생님이 우리 집 식구 오줌이 완전히 정상이래.
⇒ Le docteur a dit que les urines de notre famille étaient tout à fait normales.

10. 그러니까 우리 모두 이상없어. 우리 개도 이상없는 거지.

▶ 단어와 표현
이상없다 : ne rien avoir

▶ 문장
그러니까 우리 모두 이상없어. 우리 개도 이상없는 거지.
⇒ donc nous n'avons rien, ni notre chien.
'우리 모두 이상 없어'라고 부정문을 말한 뒤 다시 부정문을 놓을 때는 ni만으로 충분하다.

C 프랑스어로!

Après beaucoup de douleurs, Eric se résout à voir le médecin.

Celui-ci l'examine et l'informe qu'il a besoin d'une analyse d'urines pour établir son diagnostic de façon certaine; il demande donc à Eric de lui en apporter un petit flacon pour le lendemain. Celui-ci apparaît fièrement le lendemain, (avec / portant) une énorme flasque. Le médecin lui fait aimablement remarquer qu'il n'était pas nécessaire d'en apporter autant, puis il procède à l'examen et, au bout de quelques minutes:

- Monsieur, j'ai le plaisir de vous apprendre que vos urines sont tout à fait normales et que vous n'avez donc absolument rien.

Eric revient tout guilleret chez lui et annonce à sa femme:

- Le docteur a dit que les urines de notre famille étaient tout à fait normales; donc nous n'avons rien, ni notre chien.

2. 좀 깎아 주나요?
Vous me faites une réduction ?

A 한국어로!

한 실직자가 병원에 간다.
"어디가 아프세요?"
"가르쳐 드리면 좀 깎아 주시나요?"

B 번역 공부

1. 한 실직자가 병원에 간다.

▶ 단어와 표현

실직자 : un chômeur, une chômeuse
가다 : aller + 장소, se rendre + 장소
병원 : chez le médecin

우리말에는 '종합병원'과 '의원(개인병원)'을 모두 포괄하는 '병원'이라는 단어가 있다. 그러나 프랑스어에는 그러한 단어가 없고 종합병원을 뜻하는 hôpital과 의원을 뜻하는 cabinet밖에 없다. 그래서 우리는 보통 종합병원에 가거나 의원에 가거나 구분하지 않고 그냥 '병원'에 간다고 하는 반면에, 프랑스인들은 이 둘을 구분하여 말할 수밖에 없다. 종합병원에 갈때는 'aller à l'hôpital'이라고 하고 의원에 갈 때는 'aller chez le médecin'이나 'aller voir le médecin'이라고 한다.('의원'이라고 'cabinet'를 쓰지 않는다는 점에 주의할 것.) 물론 이 두 표현 뒤에 'à l'hôpital'을 넣으면 ('aller chez le médecin à l'hôpital'이나 'aller voir le médecin à l'hôpital') 다시 종합병원에 가는 것이 된다.

장소표현을 써야 할 때 관사를 망설이게 되는 경우가 많은데, 우체국(le bureau de poste), 은행(la banque), 가게(le magasin), 역(la station) 등과 같은 일상적인 장소 표현에는 정관사를 쓴다.

우체국이 어디 있어요?
= *Où est **le** bureau de poste ?*

여기서 정관사는 상대도 아는 우체국이 아니라 근처에 있는 우체국을 의미하는 것이다.

일상적인 장소가 아니라면 부정관사를 쓴다. 그래서 굳이 '어느 병원'이라고 하려면 'chez un médecin'이라고 한다.

반면에 '자기가 늘[평소에] 다니는' 곳이라면 소유형용사 son[sa]를

쓴다.

> 한 실업자가 평소에 다니는 병원에 간다.
> = Un chômeur se rend chez **son** médecin.

▶ 문장
한 실직자가 병원에 간다.
⇒ Un chômeur se rend chez le médecin

2. "어디가 아프세요?"

▶ 단어와 표현
...가 아프다 avoir mal à ...

▶ 문장
어디가 아프세요?
⇒ Où avez-vous mal ?

3. "가르쳐 드리면 좀 깎아 주시나요?"

▶ 단어와 표현
가르쳐 주다 → 말해 주다 : dire
우리말에서 '가르쳐 주다'는 프랑스어로 직역하면 enseigner가 될텐데, 항상 그런 것이 아니다. '가르쳐 주다'가 어떤 지식을 제공하는 경우라면 enseigner가 되겠지만, 단순히 '말해 주다'의 뜻인 경우도 많은 것이다. 이럴 땐 dire가 적합하다.

...에게 깎아 주다 : faire une réduction à *qn*

▶ 문장

가르쳐 드리면 좀 깎아 주시나요?

⇒ Si je vous le dis, vous me faites une réduction ?

C 프랑스어로 !

Un chômeur se rend chez le médecin.

- Où avez-vous mal ?
- Si je vous le dis, vous me faites une réduction ?

3. 맥주 한 병 달라고 10번이나 말했잖아요!
Voilà dix fois que je vous demande une bière !

A 한국어로!

한 선술집에서 손님 하나가 안절부절 못한다.
"도대체 언제 갖다줄 거요? 맥주 한 병 달라고 10번이나 말했잖소!"
"곧 나갑니다, 손님."
웨이터가 카운터를 향해 소리친다.
"3번 테이블에 맥주 열 병이요."

B 번역 공부

1. 한 선술집에서 손님 하나가 안절부절 못한다.

▶ 단어와 표현
   한 선술집 : un pub
   손님 하나 : un client, une cliente
   안절부절 못하다 → 조바심나다[참지 못하다]: s'impatienter

▶ 문장
   한 선술집에서 손님 하나가 안절부절 못한다.
   ⇒ Dans un pub, un client s'impatiente :

2. 도대체 언제 갖다줄 거요?

▶ 단어와 표현
   도대체 : Mais
   프랑스어에서는 놀람을 강조할 경우 의문문 앞에 mais를 쓴다.

   음식을 …에게 갖다주다 : servir 음식 à *qn*
   '음식을 …에게 갖다준다'고 할 때는 servir를 쓴다. 우리말에서도 '서빙(serving)한다'나 '서브(serve)한다' 등의 영어에서 온 단어를 쓰는데 이의 프랑스어에 해당하는 어휘가 servir이다.
   그래서 자기가 직접 갖다 먹는 것은 대명동사 'se servir'(자기에게 갖다주다→자기가 갖다먹다)가 된다. '많이 (갖다) 드세요.'라고 할 때는 'Servez-vous beaucoup !'라고 하면 된다.
   그러나 우리가 식사를 시작할 때 상대에게 하는 '많이 드세요.'는 관용적인 인사말이므로 'Bon appétit !'라고 해야 한다.

▶ 문장

도대체 언제 갖다 줄 거요?

⇒ Mais quand est-ce que vous allez me servir ?

가까운 미래는「aller+부정법」으로 표현할 수 있다. 물론 미래로 해도 괜찮다.

3. 맥주 한 병 달라고 10번이나 말했잖소!

▶ 단어와 표현

맥주 한 병 : une (bouteille de) bière

맥주 한 병이라면 'une bouteille de bière'이다. 그러나 실제로 카페에서는 줄여서 'une bière'라고 말한다. 우리도 '맥주 하나'라고 하지 않는가! 물론 'une bière'는 우리말 표현 '맥주 하나'처럼 상황에 따라 '맥주 한 잔'(un verre de bière)일 수도 있다.'

원래 셀 수 없는 물질명사라 하더라도, 이런 식으로 '잔'이라든가 '병'으로 팔 때는 셀 수 있게 된다. 따라서 커피는 'du café'지만 커피 한 잔은 'un café'라고 하고, 콜라는 'du coca'지만 콜라 한 잔[병]은 'un coca'라고 하는 것이다.

달라고 말하다 : demander

'달라고 말하다'는 프랑스어로 직역하면 'dire à *qn* de lui donner'로 복잡해진다. 프랑스인들은 이보다 훨씬 더 간단한 형태인 demander를 즐겨 쓴다. [보다 자세한 것은「프랑스어식 사고법」3장 1.4.를 참조할 것.]

...한 것이 10번이나 되다 : Ça fait dix fois que ...

'ça fait' 대신에 다소 격식체인 voilà를 쓸 수도 있다. 즉 'voilà dix fois que ...'로.

그리고 이런 표현들 다음의 시제는 (과거부터 현재까지의 지속이므로) 현재로 한다.

▶ 문장
맥주 한 병 달라고 10번이나 말했잖소 !
⇒ Ça fait dix fois que je vous demande une bière.

4. 곧 나갑니다, 손님.

▶ 단어와 표현
(음식이) 나가다, 나오다
　　→ 1. (음식이) 오다 venir
　　→ 2. (음식을) 갖다주다 : servir 음식 à qn

'음식이 나가다[나오다]'를 프랑스어로 어떻게 하나? 첫 번째 방법은 우리말식으로 '(음식이) 오다'라고 표현하는 것이다. 'Ça vient tout de suite.'가 된다.

그러나 이런 상황에서 프랑스인들이 전형적으로 쓰는 표현은 'On vous sert tout de suite.'이다. 이런 표현을 쓰기 위해서는 발상의 전환을 해야 한다. 프랑스어에서는 많은 경우 인간의 관점으로 어떤 행위를 표현한다. 사람을 주어로 써 보자. 그러면 '음식을 갖다주다'로 문장이 구성될 것이다. 즉 servir 동사를 쓰는 것이다.

다시 말해, 이처럼 우리말은 사물에 대해 말하고 있는 경우, 프랑스어에서는 그와 관련된 사람의 행위에 대해 말하기를 즐기는 것이다. 따라서 사물을 주어로 하는 우리말 문장을 프랑스어로 옮길 때는 사람을 주어로 놓고 문장을 꾸미는 것을 생각해 봐야 한다. [자세한 것은 「프랑스어식 사고법」 4장의 3.을 참조할 것.]

곧 : tout de suite
손님 : monsieur, madame, mademoiselle
손님은 'un client [une cliente]'이지만, 부를 때는 이런 말을 안 쓰

고 매우 포괄적인 존칭어인 'monsieur, madame, mademoiselle'를 쓴다.

▶ 문장
곧 나갑니다, 손님.
⇒ On vous sert tout de suite, monsieur.
⇒ Ça vient tout de suite, monsieur.

5. 웨이터가 카운터를 향해 소리친다.

▶ 단어와 표현
웨이터 : un serveur
웨이트레스는? 여성형인 'une serveuse'를 쓴다.

카운터 : un comptoir
...을 향해 : en direction de ...
따라서 '카운터를 향해'는 'crier en direction du comptoir'가 된다.

▶ 문장
웨이터가 카운터를 향해 소리친다.
⇒ Et le serveur crie en direction du comptoir.

6. 3번 테이블에 맥주 열 병이요.

▶ 단어와 표현
3번 테이블 : la (table) 3
보통은 줄여서 'la 3'라고 한다.

3번 테이블에 : pour la 3

전치사는 à가 아니라 pour라는 점에 유의할 것. 우리에게는 '에'니까 à를 쓰기 쉽지만, 장소가 아닌 한 à를 쓸 수는 없다. 테이블에 '갖다줄 (apporter)' 때는 à를 쓸 수 있지만(apporter dix bière à la 3), 여기서는 3번 테이블에 맥주 열 병이 '배정된다'는 뜻이므로 장소가 아니다. 그러니까 'Il y a dix bières pour la 3'라는 문장에서 온 것이라 생각할 수 있다. 이렇게 배정의 뜻을 나타낼 때는 pour를 쓴다는 점을 기억해 두자.

맥주 열 병 : dix bouteilles de bière, dix bières

위에서 말한 대로 상품으로서의 물질명사는 셀 수 있으므로 후자를 더 많이 쓴다.

▶ 문장

3번 테이블에 맥주 열 병이요.

⇒ Dix bières pour la 3 !

C 프랑스어로 !

Dans un pub, un client s'impatiente:

- Mais quand est-ce que vous allez me servir ? Ça fait dix fois que je vous demande une bière.

- On vous sert tout de suite, monsieur.

Et le serveur crie en direction du comptoir:

- Dix bières pour la 3 !

4. 10분이면 몸이 따뜻해져요.
En dix minutes, je suis réchauffée

A 한국어로!

프랑스인 둘이 스코틀랜드 최북단의 민박에 묵는다. 8월의 어느 날 저녁, 프랑스인 남자가 집 안주인을 보러 간다.
"혹시 난방을 조금 틀어 주실 수 있나요? 집사람하고 제가 한겨울처럼 떨고 있거든요."
"그럼 땔나무를 드릴게요."
"돈을 과히 아끼지 않으시는군요. 나무는 금방 타 버리는데요."
"아이쿠 아니예요. 장작 하나면 저는 한 겨울을 나는 걸요."
프랑스 남자가 어안이 벙벙해하자, 스코틀랜드 여자가 설명을 해 준다.
"추우면 곧바로 나가서 창고에 있는 장작을 가져와서는요, 2층 제 방으로 올라가요. 거기서 창밖으로 장작을 던지고는 다시 내려가서 그걸 찾아 들고 또 올라갑니다. 이거 한 10분만 하면 몸이 뜨뜻해져요!"!"

B 번역 공부

1. 프랑스인 둘이 스코틀랜드 최북단의 민박에 묵는다.

▶ 단어와 표현
민박 un gîte, une chambre d'hôte, un ≪Bed and Breakfast≫
민박은 이처럼 다양하게 표현할 수 있으나 위치가 스코틀랜드이니 영어 표현 그대로 Bed and Breakfast라고 하는 것이 좋겠다.

스코틀랜드 l'Écosse
~의 북쪽의 au nord de ~
최북단의 라고 하려면 'à l'extrême nord de'라고 하면 된다.

~에 묵다 loger dans ~
호텔의 경우에는 descendre를 쓸 수도 있다.

> 그는 그 도시에서 가장 우아한 호텔에 묵고 있다.
> *Il (loge / descend) dans l'hôtel le plus élégant de la ville.*

▶ 문장
프랑스인 둘이 스코틀랜드 최북단의 민박에 묵는다.
⇒ Deux Français logent dans un ≪Bed and Breakfast≫ à l'extrême nord de l'Écosse.

2. 8월의 어느 날 저녁, 프랑스인 남자가 집 안주인을 보러 간다.

▶ 단어와 표현
어느 날 저녁 : un soir
'어느 날 저녁'은 '어느 저녁'이라고 하면 된다. un soir이다. '8월'은 le mois de를 앞세워도 좋고 그냥 août라고 해도 된다. 따라서 '8월의 어느 저녁'이라고 하면 'un soir ((du mois) d'août'라고 하거나 그냥 'en août'라고 하면 된다.

집 안주인 : la maîtresse de maison
maîtresse는 maître의 여성형이다.

보러 간다 : aller voir, aller trouver
'~하러 가다'라고 할 때는 aller 다음에 동사를 부정법형으로 놓으면

된다. (이동동사 뒤에 부정법을 결합시키는 표현법은 3부의 『4. 젊은 의사의 허풍』을 참조할 것)

▶ 문장
8월의 어느 날 저녁, 프랑스인 남자가 집 안주인을 보러 간다.
⇒ Un soir (du mois) d'août, le Français va trouver la maîtresse de maison.

3. "혹시 난방을 조금 틀어 주실 수 있나요?"

▶ **단어와 표현**
혹시 ~해 주실 수 있나요? : Pourriez-vous ~ ? / Serait-il possible de ~ ?
이처럼 공손한 표현을 쓰려면 동사를 조건법으로 써서 표현하는 것이 필요하다. 거기에다 's'il vous plaît'까지 붙이면 더욱 공손한 느낌을 준다.
혹은 '~이 가능한지요'라는 의미의 'Serait-il possible de ~'를 쓰는 것도 좋다.

난방을 틀다 : mettre du chauffage
작동시킨다는 의미의 '틀다'에는 mettre를 쓴다고 생각하면 된다. 즉 '음악을 틀다'도 mettre la musique이라고 하면 된다.

▶ **문장**
"혹시 난방을 조금 틀어 주실 수 있나요?"
⇒ - Serait-il possible de mettre un peu de chauffage, s'il vous plaît ?

4. "집사람하고 제가 한겨울처럼 떨고 있거든요."

▶ 단어와 표현
떨다 : grelotter
한겨울에 : en plein hiver
'겨울에'를 뜻하는 en hiver에 강조의 plein을 써서 표현한다. 마찬가지로 '한여름에'라고 하면 en plein été가 된다.

▶ 문장
"집사람하고 제가 한겨울처럼 떨고 있거든요."
⇒ Ma femme et moi(, nous) grelottons comme en plein hiver.

5. "그럼 땔나무를 드릴게요."

▶ 단어와 표현
땔나무 : du bois, des morceau de bois
땔나무는 재료로서의 나무이므로 부분관사를 써서 du bois라고 하면 된다. 또는 나무조각을 의미하는 des morceau de bois로 표현할 수도 있다.

▶ 문장
"그럼 땔나무를 드릴게요."
⇒ Je vais vous donner du bois.

6. "돈을 과히 아끼지 않으시는군요. 나무는 금방 타 버리는데요."

▶ 단어와 표현
돈을 아끼는 : économe

돈을 아낀다고 할 때는 économiser l'argent이라고 할 수 있는데, 형용사로 économe라 할 수도 있다.

타다 : brûler

▶ 문장
"돈을 과히 아끼지 않으시는군요. 나무는 금방 타 버리는데요."
⇒ Vous n'êtes pas très économe, le bois brûle très vite.

7. "아이쿠 아니에요. 장작 하나면 저는 한 겨울을 나는 걸요."

▶ 단어와 표현
아이쿠 아니에요 : Mais non
  non을 강조하려면 앞에 mais를 붙여 'Mais non'이라고 표현한다. 마찬가지로 oui나 si에 대해서도 'Mais oui', 'Mais si'라고 하면 된다.

장작 하나 : une bûche
그거면 한 겨울을 나다 : cela me (dure / fait) tout l'hiver
  '그거면 한 겨울을 나다'는 프랑스어로 표현하려면 '그것은'을 주어로 하여 '내게 한 겨울을 나게 해 준다'는 방식으로 표현하는 것이 필요하다. 그러면 'cela me permettra de passer tout l'hiver.'가 된다.
  다른 방법으로 '그것은 내게 한 겨울을 지속한다' 혹은 '그것은 내게 한 겨울을 만들어 준다'와 같은 식으로 생각하는 것이 있다. 그래서 'Une bûche (me dure tout l'hiver / me fait tout l'hiver / me fait mon hiver).'처럼 쓰면 된다.

▶문장
"아이쿠 아니에요. 장작 하나면 저는 한 겨울을 나는 걸요."
⇒ Mais non. Une bûche (me fait tout l'hiver / me dure tout l'hiver / me fait mon hiver).

9. 프랑스 남자가 어안이 벙벙해하자, 스코틀랜드 여자가 설명을 해 준다.

▶ 단어와 표현
프랑스 남자가 어안이 벙벙해하자 : devant l'air (ahuri / étonné) du Français

'프랑스 남자가 어안이 벙벙해하자'는 'Quand le Français est ahuri'라고 하면 된다. 그러나 '프랑스 남자의 어안이 벙벙한 모습 앞에서', 즉 'devant l'air (ahuri / étonné) du Français'라고 표현하는 것도 매우 프랑스어적인 표현이다.

'놀라다'는 étonné(e)를 쓰면 되지만 '어안이 벙벙하다'처럼 매우 강하게 놀란 상태는 ahuri(e)로 표현하는 것이 좋다.

▶ 문장
프랑스 남자가 어안이 벙벙해하자, 스코틀랜드 여자가 설명을 해 준다.
⇒ Et devant l'air (ahuri / étonné) du Français, l'Écossaise explique

10. 추우면 곧바로 나가서 창고에 있는 장작을 가져와서는요, 2층 제 방으로 올라가요.

▶ 단어와 표현
춥다 : avoir froid
추워요 : J'ai froid.

창고 : une réserve
곧바로 → ~자마자 : dès que ~
'추우면 곧바로 나가서'는 dès que j'ai froid, je sors로 표현할 수 있다.
이때 sortir는 이동동사이므로 뒤에 오는 목적 행위에 pour 없이 부정법 동사를 놓으면 된다. 즉 je sors prendre ma bûche dans la réserve가 된다. (이동동사 뒤에 부정법을 결합시키는 표현법은 3부의 『4. 젊은 의사의 허풍』을 참조할 것)

2층 : le premier étage
프랑스의 2층은 1층으로 표현한다. 우리의 1층은 지상층을 뜻하는 rez-de-chaussée라고 한다.

침실에 올라가다 : monter dans ma chambre

▶ 문장
추우면 곧바로 나가서 창고에 있는 장작을 가져와서는요, 2층 제 방으로 올라가요.
⇒ Dès que j'ai froid, je sors prendre ma bûche dans la réserve, et je monte dans ma chambre au premier étage.

11. 거기서 창밖으로 장작을 던지고는 다시 내려가서 그걸 찾아 들고 또 올라갑니다. 그런 식으로 하는 거죠.

▶ 단어와 표현
거기에서 → 거기로부터 : de là
창밖으로 던지다 : jeter *qch* par la fenêtre
다시 내려가서 그걸 찾아 들고 → 그걸 찾기 위해 다시 내려가다 :
　　redescendre la chercher
'그것'은 ma bûche이므로 대명사 la로 받고, 다시 내려간다는 뜻의 redescendre 역시 이동동사이므로 부정법을 쓰면 된다.

그런 식으로 하는 거죠 : et ainsi de suite

▶ 문장
거기서 창밖으로 장작을 던지고는 다시 내려가서 그걸 찾아 들고 또 올라갑니다.
⇒ De là, je jette ma bûche par la fenêtre, je redescends la chercher et je remonte, et ainsi de suite.

12. 이거 한 10분만 하면 몸이 뜨뜻해져요.

▶ 단어와 표현
이거 한 10분만 하면 → 10분 만에 en dix minutes
몸이 뜨뜻하다 : être réchauffé(e)

▶ 문장
이거 한 10분만 하면 몸이 뜨뜻해져요.
⇒ En dix minutes, je suis réchauffée.

C 프랑스어로!

　Deux Français logent dans un «Bed and Breakfast» à l'extrême nord de l'Écosse. Un soir (du mois) d'août, le Français va trouver la maîtresse de maison.

　- Serait-il possible de mettre un peu de chauffage, s'il vous plaît ? Ma femme et moi(, nous) grelottons comme en plein hiver.

　- Je vais vous donner du bois.

　- Vous n'êtes pas très économe, le bois brûle très vite.

　- Mais non. Une bûche me fait tout l'hiver.

　Et devant l'air ahuri du Français, l'Écossaise explique :

　- Dès que j'ai froid, je sors prendre ma bûche dans la réserve, et je monte dans ma chambre au premier étage. De là, je jette ma bûche par la fenêtre, je redescends la chercher et je remonte, et ainsi de suite. En dix minutes, je suis réchauffée.

5. 히틀러가 자살한 이유
Pourquoi Hitler s'est suicidé ?

A 한국어로!

"히틀러가 어떻게 죽었게?"
"자살했지."
"그래, 하지만 왜 자살했는 줄 알아?"
"전쟁에서 졌으니까."
"천만에, 가스료가 너무 많이 나와서야."

B 번역 공부

1. 히틀러가 어떻게 죽었게?

▶ 단어와 표현
히틀러 Hitler
어떻게 comment
죽다 mourir
'자살했다'는 복합과거로 's'être suicidé(e)'.

▶ 문장
히틀러가 어떻게 죽었게?
⇒ Comment Hitler est-il mort ?

2. 자살했지

▶ 단어와 표현
자살하다 se suicider
복합과거 '자살했다'는 's'être suicidé(e)'.

▶ 문장
자살했지.
⇒ Il s'est suicidé.

3. 그래, 하지만 왜 자살했는 줄 알아?

▶ 단어와 표현
왜 자살했는 줄 알아? → 왠 줄 알아 sais-tu pourquoi (il s'est suicidé) ?

▶ 문장
그래, 하지만 왜 자살했는 줄 알아?
⇒ Oui, mais sais-tu pourquoi ?

4. 전쟁에서 졌으니까.

▶ 단어와 표현
전쟁 la guerre
지다 perdre
전쟁에서 지다 → 전쟁을 지다 perdre la guerre

▶ 문장
전쟁에서 졌으니까.
⇒ Parce qu'il avait perdu la guerre.
복합과거인 '자살한 것'(s'est suicidé)보다 더 앞선 행위이므로 대과거를 써야 한다. 이처럼 프랑스어에서 이유를 나타낼 때는 앞선 행위라는 점을 늘 염두에 두어야 한다.

5. 천만에, 가스료가 너무 많이 나와서야.

▶ 단어와 표현
천만에 pas du tout
여기서 '천만에'는 강한 부정이므로 'pas du tout'를 쓴다.

가스료→가스 통지서 une note de gaz
'가스료'는 직역하면 'les frais de gaz'가 되겠지만 실제로 프랑스어 문장 내에서는 이런 표현이 잘 안 쓰인다.
프랑스어에서는 가격을 나타내는 표현에서 동사로 '값이 …나가다'

라는 뜻을 가지는, 그러니까 이미 가격의 개념을 포함하고 있는 동사인 'coûter'를 쓰기 때문에 굳이 '요금'이라는 말을 주어에 덧붙일 필요가 없다.

현상료가 얼마예요?
= Combien coûte le développement ?

통화료가 얼마예요?
= Combien coûte la communication ?

따라서 '가스료가 너무 많이 나왔다'는 'Le gaz coûtait trop cher.'가 된다.
이같은 표현이 흔하다 보니 아예 '...료'나 '...세'같은 표현은 잘 안 쓰이게 되었다.

물세와 전기세는 포함되지 않았습니다.
= L'eau et l'électricité ne sont pas comprises.

프랑스어에서는 사물에 관한 이야기라도 인간의 행위로 표현하기를 즐겨하는데, 가스료가 나왔다는 것은 인간의 관점에서 보면 가스료 통지서('une note de gaz' 또는 'une facture de gaz')를 받은 것이다. 따라서 다음과 같이 된다.

가스료가 너무 많이 나왔어.
= J'ai reçu une note de gaz trop élevée.

원래 '비싸다'는 'cher[chère]'이지만 여기서는 '가스 통지서'(une note de gaz)로 표현하므로 수치가 높다는 뜻인 'élevé(e)'를 써야 하겠다.

▶ 문장

천만에, 가스료가 너무 많이 나와서야.

⇒ Pas du tout; c'est parce qu'il a reçu une note de gaz trop élevée !

C 프랑스어로 !

- Comment Hitler est-il mort ?
- Il s'est suicidé.
- Oui, mais sais-tu pourquoi ?
- Parce qu'il avait perdu la guerre.
- Pas du tout; c'est parce qu'il a reçu une note de gaz trop élevée !

5부 : 기타
DIVERS

1. 결자해지(結者解之)
Le fauteur doit réparer sa faute.

A 한국어로!

설교를 마친 신부님이 교회지기를 부른다.
"성당 구석에 잠자는 사람이 있군요. 가서 깨우세요."
"아녜요, 신부님, 신부님이 잠들게 했으니까 신부님이 깨우세요."

B 번역 공부

1. 설교를 마친 신부님이 교회지기를 부른다.

▶ 단어와 표현

신부님 : un prêtre

'신부'는 'un prêtre'라고 한다. 집합적으로 성직자 전체를 나타낼 때는 'le clergé'를 쓴다.

'신부님'하고 부를 때는 'mon père'가 보통이나 격식을 차려서 부를 때는 'Monsieur le Curé', 또는 'Monsieur l'Evêque'라고 한다. 'Monsieur le Prêtre'라고는 안 한다는 점을 주의해야 한다.

한편 개신교의 '목사'는 'un ministre'라고 한다. '장관'하고 같은 단어다. '목사님'하고 부를 때는 신부님의 경우와 마찬가지로 'mon père'라고 한다.

설교 : le sermon

설교는 'le sermon'이라고 하는데, '신부님이 늘 하는 설교'라는 뜻을 나타내려면 'son sermon'이라고 하면 된다.

설교를 마치다 : terminer (le / son) sermon
교회지기 : un bedeau

'교회지기를 부르다'라고 하려면 'appeler le bedeau'.

▶ 문장

설교를 마친 신부님이 교회지기를 부른다.
⇒ Quand il a terminé (le / son) sermon, le prêtre appelle le bedeau.

'설교를 마친 신부님이 교회지기를 부른다'는 '설교를 마친 후 신부님이 교회지기를 부른다'라고 하면 될텐데, 이 경우 두 가지 구문이 가능하다. 우선은 주절을 먼저 쓰는 것이다.

(1) *Le prêtre appelle le bedeau, quand il a terminé (le / son) sermon.*

다음은 종속절을 먼저 쓰는 방법이다.

(2) *Quand **il** a terminé (le / son) sermon, **le prêtre** appelle le bedeau.*

이 때 주의해야 할 점은 명사가 두 번 출현 할 때 한 번은 대명사로 받아야 할텐데, 대명사는 종속절에 쓰도록 한다는 사실이다. 대명사는 앞서 나온 명사를 뒤에서 받는 것이라고 생각하면 곤란하다. 다음과 같이 종속절에 명사를 쓴 문장은 틀리게 된다.

(X) *Quand **le prêtre** a terminé (le / son) sermon, **il** appelle le bedeau.*

2. "성당 구석에 잠자는 사람이 있군요. 가서 깨우세요."

▶ 단어와 표현

성당 : une église, une cathédrale
'성당'을 가리키는 표현은 여러 가지가 있다. 동네에 있는 성당은 église라고 하고, 큰 성당을 가리킬 때는 cathédrale이라고 하면 된다. temple(남성명사)은 개신교(protestant) 교회를 칭할 때 주로 쓴다.

... 구석에 : au fond de ...
'구석에'가 '잘 안 보이는 안 쪽 구석에'라는 뜻일 때는 'au fond de ...'를 쓰고 '모퉁이[코너]에'이라는 뜻일 때는 'au coin de ...'를 쓰면 되겠다. 여기서는 전자의 뜻으로 쓰였으므로 'au fond de ...'를 쓰자.

잠자다 : dormir
사람 : un homme, un type(속어)

여기서 '사람'은 아마도 남자일 것으로 보아서 'un homme'로 할 수 있겠다. 그러나 속어에서는 'un type'이라고 한다. 이 type는 사전에 '놈', '녀석', '자식'이라고 되어 있는데 이런 표현은 우리말에서는 친소 관계나 상황에 따라서 경멸적일 수도 있고 아닐 수도 있다. 프랑스어도 마찬가지다. 다만 우리말에 비해서 특별히 경멸적인 뉘앙스 없이도 프랑스어에서는 비교적 폭넓게 쓰인다는 점을 기억하기 바란다.

'잠자는 사람'은 'un type qui dort'가 되겠다.

가서 깨우다 : aller réveiller

앞서 말했듯이 'aller, venir, rentrer, partir' 등 장소의 이동을 나타내는 동사들은 이동의 목적을 표현할 때 전치사 pour 없이 직접 부정법을 뒤에 두는 특징을 가지고 있다.

또한 프랑스어는 결과를 목적처럼 쓰는 경우가 많은 언어이다. 따라서 '가서 깨우다'는 직역(aller et réveiller)보다는 '깨우러 가다'(aller réveiller)라고 표현하는 것이 자연스러운 프랑스어라 할 수 있다.

가서 저 친구 깨워 : *Allez le réveiller.*

▶ **문장**

"성당 구석에 잠자는 사람이 있군요. 가서 깨우세요."
⇒ Il y a un (homme / type) qui dort au fond de (l'église / la cathédrale). Allez le réveiller.

3. "아녜요, 신부님, 신부님이 잠들게 했으니까 신부님이 깨우세요."

▶ **단어와 표현**
신부님(호칭) : mon père
잠들게 하다 : endormir
'신부님이 잠들게 했다'는 문장은 다른 사람이 아닌 신부님이 잠들게 했다는 뜻, 즉 '신부님'을 강조하는 뜻을 가지고 있으므로 'c'est …qui' 강조구문을 쓰는 것이 좋겠다. 즉 'c'est vous qui l'avez endormi'로 하는 것이다.

깨우다 : réveiller
'신부님이 깨우세요.'도 마찬가지로 '신부님'을 강조하는 뜻이므로 'c'est …qui' 강조구문을 쓰는 것이 좋겠다. 즉 'c'est vous qui devez le réveiller.'로 하는 것이다.
그런데 '…하는 것은 …의 할 일이다[의무이다]' 혹은 「…하는 것은 …가 할 차례이다」라는 뜻의 「c'est à qn de + 부정법」이라는 자주 쓰이는 구문이 있다. 이를 이용해 보는 것도 좋겠는데, 그러면 'c'est à vous de le réveiller.'가 되겠다.

▶ **문장**
"아녜요, 신부님, 신부님이 잠들게 했으니까 신부님이 깨우세요."
⇒ Non, mon père, c'est vous qui l'avez endormi, c'est vous qui devez le réveiller.

이유를 나타낸다고 해서 굳이 'parce que'와 같은 접속사를 쓸 필요가 없다. 우리말은 두 문장이 연결될 때 그 논리적 관계를 명시적이고 구체적으로 표현하기를 좋아하는 언어이기 때문에 접속사를 많이 사용하는 반면, 프랑스어는 전후 관계로 분명히 알 수 있는 논리관계를 표현하는 것을 아끼는 언어라 할 수 있다. 따라서 프랑스어에서는 'alors', 'donc', 'mais', 'parce que', 'or', 'si', 'même si' 따위의 기본적인 의미의 접속사는 구태여 쓰지 않는 것이 더욱 프랑스어식 사고법을 구

사하는 요령이 된다. [여기에 관해서는 「프랑스어식 사고법」 2장 4. 참조.]

C 프랑스어로!

Quand il a terminé (le / son) sermon, le prêtre appelle le bedeau:
- Il y a un (homme / type) qui dort au fond de (l'église / la cathédrale). Allez le réveiller.
- Non, mon père, c'est vous qui l'avez endormi, c'est vous qui devez le réveiller.

2. 의좋은 삼형제
Les trois bons frères

A 한국어로!

의좋은 삼형제가 오래 전부터 각각 뉴욕, 파리, 시드니에 살고 있었다. 그들은 만나지 못하는 아쉬움을 달래기 위해, 매월 마지막 주 토요일 저녁에 각자가 사는 동네의 맥주집에 가서 3잔의 맥주를 주문하고 마심으로써 마치 함께 있는 듯한 분위기를 느끼기로 서로 약속하였고 이를 30년 넘게 행해 왔다.

그러던 어느 날 뉴욕에 사는 맏형이 맥주집에 와서 두 잔만을 주문한다. 오랫동안 3잔을 시키는 이유를 알고 있었던 주인이 깜짝 놀라 묻는다.

"왜 두 잔만 시키시나요?"

그러자 맏형이 *"아 그럴 이유가 좀 있어서요..."* 하며 말끝을 흐린다.

주인이 근심스러운 표정으로 묻는다. *"혹시 형제 분 중 하나가 돌아가셨나요?"*

맏형이 화들짝 놀라면서 대답한다. *"아뇨. 아주 건강하게 잘 살아 있어요."*

"그런데 왜 두 잔만 주문을 하시나요?"

"아 글쎄 시드니에 사는 막내가 술을 끊었다잖아요. 참 내."

B 번역 공부

1. 의좋은 삼형제가 오래 전부터 각각 뉴욕, 파리, 시드니에 살고 있었다.

▶ 단어와 표현
  의좋은 삼형제 : Trois bons frères
  사이가 좋은 형제는 전형적으로 bon frère라고 한다. 사이가 좋다는 의미로 frères en bon terme 혹은 frères qui s'entendent bien이라고 하는 것은 다소 설명적이다.

  오래 전부터 : depuis longtemps
  ~에 살고 있다 : vivre à ~, habiter à ~
  '의좋은 삼형제가 ~에 살고 있었다.'라고 하면 역사적 현재로 'Trois bons frères vivent à ~'라고 해도 좋고, 반과거로 'Il y avait trois bons frères qui vivaient à ~'라고 해도 좋겠다.

  각각 : respectivement

▶ 문장
  의좋은 삼형제가 오래 전부터 각각 뉴욕, 파리, 시드니에 살고 있었다.
  ⇒ Trois bons frères vivent respectivement à New York, Paris et Sydney depuis longtemps.

2. 그들은 만나지 못하는 아쉬움을 달래기 위해, 매월 마지막 주 토요일 저녁에 각자가 사는 동네의 맥주집에 가서 3잔의 맥주를 주문하고 마심으로써 마치 함께 있는 듯한 분위기를 느끼기로 서로 약속하였고

▶ **단어와 표현**

~하는 아쉬움을 달래다 : compenser le fait que

그들은 서로 만나지 못했다 : ils ne pouvaient pas se voir

여기서 que 절에는 주절이 과거이므로 시제의 일치를 적용하여 반과거 pouvaient를 써야 한다.

매월 마지막 주 토요일 저녁에 : le dernier samedi soir de chaque mois

서로 약속하다 : se promettre de 부정법 동사, se promettre que + 절

'그들은 서로 약속했었다'는 그 이전의 행위이므로 대과거를 써서 'ils s'étaient (tous les trois) promis que'라고 하면 되겠다. '셋이 모두'라는 뜻의 'tous les trois'를 넣어도 좋을 것이다.

각자가 사는 동네의 맥주집에 가자고 :
  qu'ils iraient dans leur brasserie locale chacun d'eux

se promettre의 목적어인 que 절 내에 약속의 내용을 써야 하는데, 이때 그 내용, 즉 '맥주집에 가자고'와 '맥주를 주문하자고', '세 잔을 마시자고'는 과거에 있어서의 미래의 행위이므로 조건법 현재형을 써야 한다. 이하 미래의 행위들도 마찬가지이다.

  맥주를 주문하자고 : *qu'ils commanderaient*
  세 잔을 마시자고 : *qu'ils boiraient trois bières*

맥주집은 une brasserie 혹은 un pub à bière로 할 수 있는데, 각자가 사는 동네의 맥주집이라고 하려면 '~자기 집 근처의'라는 뜻의 '~près de chez lui'라고 하면 된다. 또는 'dans leur brasserie locale chacun d'eux'라고 해도 좋겠다.

마치 함께 있는 듯한 분위기를 느끼기로 : pour avoir l'impression d'être ensemble

이를 다소 격식체의 표현으로 하려면 'afin de se donner l'impression d'être ensemble' 정도로 나타낼 수 있을 것이다.

▶ 문장
그들은 만나지 못하는 아쉬움을 달래기 위해, 매월 마지막 주 토요일 저녁에 각자가 사는 동네의 맥주집에 가서 3잔의 맥주를 주문하고 마심으로써 마치 함께 있는 듯한 분위기를 느끼기로 서로 약속하였고
⇒ Pour compenser le fait qu'ils ne pouvaient pas se voir, ils s'étaient tous les trois promis que le dernier samedi soir de chaque mois, ils iraient dans leur brasserie locale chacun d'eux irait et qu'ils commanderaient et boiraient trois bières pour avoir l'impression d'être ensemble.

3. 이를 30년 넘게 행해 왔다.

▶ 단어와 표현
30년 넘게 : depuis plus de 30 ans
이를 행해 왔다 : ce qu'ils font

단순히 'ils l'ont fait'라고 해도 되지만, 앞 문장을 선행사로 받는 관계대명사인 ce que 절을 이용하는 것이 더욱 좋겠다. 또 의역하여 '약속을 지켜왔다'고 하려면 'Ils ont tenu cette promesse pendant plus de 30 ans.'이라고 하면 되겠다.

▶ 문장
이를 30년 넘게 행해 왔다.
⇒ ce qu'ils font depuis plus de 30 ans. / Ils ont tenu cette promesse pendant plus de 30 ans.

4. 그러던 어느 날 뉴욕에 사는 맏형이 맥주집에 와서 두 잔만을 주문한다.

▶ 단어와 표현
맏형 : l'aîné, le frère aîné
'맏아들'이라고 하려면 le fils aîné라고 하면 된다.

맥주집에 와서 : vient au pub, se rend à la brasserie
두 잔만을 주문한다 : ne commande que deux bières
'두 잔만'을 'seulement deux bières'라고 해도 되고, 이처럼 ne que을 이용하여 표현해도 된다.

▶ 문장
그러던 어느 날 뉴욕에 사는 맏형이 맥주집에 와서 두 잔만을 주문한다.
⇒ Un jour, l'aîné, qui vit à New York, (vient / se rend) au pub et ne commande que deux bières.

5. 오랫동안 3잔을 시키는 이유를 알고 있었던 주인이 깜짝 놀라 묻는다.

▶ 단어와 표현
3잔을 시키는 이유 : la raison de la commande de trois bières
물론 절을 써서 'la raison pour laquelle il commande trois bières'라고 해도 된다.

주인 : le[la] propriétaire
깜짝 놀라 묻는다 : est surpris(e) et demande

▶ 문장
오랫동안 3잔을 시키는 이유를 알고 있었던 주인이 깜짝 놀라 묻는다.
⇒ Le propriétaire, qui connaît depuis longtemps la raison de la commande de trois bières, est surpris et demande :

6. 그러자 맏형이 "아 그럴 이유가 좀 있어서요..."하며 말끝을 흐린다.

▶ 단어와 표현
그럴 이유가 있다 : il y a une raison à cela
말끝을 흐리다 : balbutier
'말끝을 흐리다'는 직역하면 곤란하다. 이럴 경우 보통 프랑스어에서는 '말을 더듬는다'는 뜻의 balbutier를 쓴다. 'répond en balbutiant' 혹은 그냥 balbutie라고 해도 좋겠다.

▶ 문장
그러자 맏형이 "아 그럴 이유가 좀 있어서요..."하며 말끝을 흐린다.
⇒ « Oh, il y a une raison à cela … », (balbutie le fils aîné / répond l'aîné en balbutiant).

7. 주인이 근심스러운 표정으로 묻는다. "혹시 형제 분 중 하나가 돌아가셨나요?"

▶ 단어와 표현
근심스러운 표정으로 : d'un air inquiet, d'un œil inquiet
'근심스러운 표정으로 묻는다'를 단지 'il s'inquiète et demande'라고 해도 자연스럽다.

형제 분 중 하나 : l'un de vos frères
돌아가시다 : mourir / décéder
décéder는 문어체이므로 좀 더 예의를 차리고 격식있게 말할 때는 더 적당하다. 혹은 'l'un de vos frères'를 목적어로 하여 'Avez-vous perdu l'un de vos frères ?'라고 하는 것도 매우 프랑스어적인 표현이다.

▶ 문장
주인이 근심스러운 표정으로 묻는다. "혹시 형제 분 중 하나가 돌아가셨나요?"
⇒ Le propriétaire s'inquiète et lui demande : « L'un de vos frères est-il décédé ? »

8. 맏형이 화들짝 놀라면서 대답한다. "아뇨. 아주 건강하게 잘 살아 있어요."

▶ 단어와 표현
화들짝 놀라다 : s'étonner
'놀라다'는 보통 se surprendre를 쓸 수 있는데 여기서처럼 강하게 놀라는 것은 s'étonner를 쓴다. 그러니까 '이게 무슨 소린가' 하고 놀라는 것은 전자를, 놀라서 입이 다물어지지 않을 때는 후자를 쓴다고 생각하면 된다. 그런데 '화들짝 놀라면서'는 부대상황이므로 étonné라고 과거분사로 표현하면 좋겠다.

건강하다 : se portent bien
건강한 상태에 있다는 뜻으로 말할 때는 'être en bonne santé'를 쓰면 된다.

살아 있다 : être en vie, être vivant(e)

▶ 문장

맏형이 화들짝 놀라면서 대답한다. "아뇨. 아주 건강하게 잘 살아 있어요."

⇒ Etonné, l'aîné répond : « Non, monsieur. Ils sont en vie et en bonne santé »

9. "아 글쎄 시드니에 사는 막내가 술을 끊었다잖아요. 참 내."

▶ 단어와 표현

막내 : le plus jeune

le cadet라고 해도 된다.

술을 끊다 : arrêter de boire

주절이 과거라서(nous a dit) 그보다 앞선 술을 끊은 행위는 대과거(qu'il avait arrêté de boire)로 나타내야 한다.

참 내 : Mon Dieu

▶ 문장

"아 글쎄 시드니에 사는 막내가 술을 끊었다잖아요. 참 내."

⇒ « Eh bien, le plus jeune, (celui) qui vit à Sydney, nous a dit qu'il avait arrêté de boire, Mon Dieu. »

C 프랑스어로!

Trois bons frères vivent respectivement à New York, Paris et Sydney depuis longtemps. Pour compenser le fait qu'ils ne pouvaient pas se voir, ils s'étaient promis que le dernier samedi soir de chaque mois, ils iraient dans leur brasserie locale chacun d'eux et qu'ils commanderaient et boiraient trois bières afin de se donner l'impression d'être ensemble, ce qu'ils font depuis plus de 30 ans.

Un jour, l'aîné, qui vit à New York, se rend au pub et ne commande que deux bières. Le propriétaire, qui connaît depuis longtemps la raison de la commande de trois bières, est surpris et demande : « Pourquoi ne commandez-vous que deux bières ? »

« Oh, il y a une raison à cela ... », balbutie le fils aîné.

Le propriétaire s'inquiète et lui demande : « L'un de vos frères est-il décédé ? »

Etonné, l'aîné répond : « Non, monsieur. Ils sont bien vivants et en bonne santé. »

« Alors pourquoi ne commandez-vous que deux verres ? »

« Eh bien, le plus jeune, (celui) qui vit à Sydney, nous a dit qu'il avait arrêté de boire, Mon Dieu. »

3. 영리한 경주마
Un cheval de course intelligent

 한국어로!

　옛날 중동 지방에 잘 달리는 명마가 있었다. 그 말은 두 개의 단어를 알아들었는데, '할렐루야'와 '아멘'이었다. 그에게 '할렐루야'라고 하면 그 말은 점점 빨리 달렸고, '아멘'이라고 하면 곧바로 멈추었다.
　어느 날 그 명마를 아랍의 부호가 샀다. 그는 말을 타고 달리기 시작했다. 과연 '할렐루야'라고 하면 그 말은 점점 빨리 달렸고, '아멘'이라고 하면 곧바로 멈추었다. 기분이 좋아진 그는 말에게 '할렐루야'를 외쳤고 말은 점점 빨리 달렸다. 그는 계속해서 '할렐루야'를 외쳤고 말은 점점 속도를 높였다. 그러다 갑자기 낭떠러지가 가까워지고 있음을 깨닫고 말을 멈추려 했다. 그러나 너무 당황한 나머지 어떤 말을 외쳐야 할지 생각이 나지 않았다. 말이 점점 속도를 더하여 낭떠러지에 거의 다 오게 되었다. 그 절체절명의 순간에 그 아랍인은 단어가 떠올라 '아멘'을 외쳤고 말은 기적적으로 낭떠러지의 끝에서 멈추었다. 그 순간 그는 이 기적에 너무나도 기뻐서 외쳤다.
　"할렐루야!"

B 번역 공부

1. 옛날 중동 지방에 잘 달리는 명마가 있었다.

▶ 단어와 표현
  옛날에 ...가 있었다 : Il était une fois, ...
  중동 지방에 : au Moyen-Orient
  경주마 : un cheval de course
  잘 달리는 명마 : un beau cheval de course

▶ 문장
  옛날 중동 지방에 잘 달리는 명마가 있었다.
  ⇒ Il était une fois, au Moyen-Orient, un beau cheval de course

2. 그 말은 두 개의 단어를 알아들었는데, '할렐루야'와 '아멘'이었다.

▶ 단어와 표현
  알아듣다 : comprendre
  할렐루야 : Alléluia
  아멘 : Amen

▶ 문장
  그 말은 두 개의 단어를 알아들었는데, '할렐루야'와 '아멘'이었다.
  ⇒ qui comprenait deux mots : « Alléluia » et « Amen »

3. 그에게 '할렐루야'라고 하면 그 말은 점점 빨리 달렸고, '아멘'이라고 하면 곧바로 멈추었다.

▶ 단어와 표현
그에게 '할렐루야'라고 하면 : Lorsqu'on lui dit « Alléluia »
Lorsqu'on lui dit 대신 Si vous lui dites라고 해도 좋다.

말이 달린다 : le cheval court
문맥으로 보아 여기서는 앞으로 나아간다는 뜻으로 le cheval avance를 써도 좋겠다.

점점 더 빨리 : de plus en plus vite
'아멘'이라고 하면 : quand on lui dit le mot « Amen »
quand on lui dit 대신 si vous lui dites라고 해도 좋다.

곧바로 : immédiatement
멈추다 : s'arrêter

▶ 문장
그에게 '할렐루야'라고 하면 그 말은 점점 빨리 달렸고, '아멘'이라고 하면 곧바로 멈추었다.
⇒ (Si vous lui dites / Lorsqu'on lui dit) « Alléluia », (il court / le cheval avance) de plus en plus vite, et (si vous dites / quand on lui dit le mot) « Amen », il s'arrête immédiatement.

4. 어느 날 그 명마를 아랍의 부호가 샀다. 그는 말을 타고 달리기 시작했다.

▶ 단어와 표현
어느 날 : un jour
아랍의 부호 : un(e) Arabe riche
말에 올라타다 : monter (sur) le cheval

...기 시작하다 : se mettre à ..., commencer à ...
(말이) 달리다 : courir, galoper

▶ 문장
어느 날 그 명마를 아랍의 부호가 샀다. 그는 말을 타고 달리기 시작했다.
⇒ Un jour, un Arabe riche achète le cheval. Il monte (sur) le cheval et se met à courir / galoper.

5. 과연 '할렐루야'라고 하면 그 말은 점점 빨리 달렸고, '아멘'이라고 하면 곧바로 멈추었다.

▶ 단어와 표현
과연 : en effet

▶ 문장
과연 '할렐루야'라고 하면 그 말은 점점 빨리 달렸고, '아멘'이라고 하면 곧바로 멈추었다.
⇒ En effet, lorsqu'il dit « Alléluia », le cheval (court / galope) de plus en plus vite, et lorsqu'il dit « Amen », il s'arrête immédiatement.

6. 기분이 좋아진 그는 말에게 '할렐루야'를 외쳤고 말은 점점 빨리 달렸다.

▶ 단어와 표현
...에 기분이 좋다 : être content(e) de ..., être satisfait(e) de ...
'자신의 말에' 혹은 '자신의 구매에' 만족한다는 말이므로 '(très) content de son cheval' 혹은 '(très) content de son aquisition'이

라고 하면 될 것이다.

acquisition)
'할렐루야'를 외치다 : crier « Alléluia »

▶ 문장
기분이 좋아진 그는 말에게 '할렐루야'를 외쳤고 말은 점점 빨리 달렸다.
⇒ (Très content de son cheval / Très satisfait de son acquisition), il crie « Alléluia » au cheval, qui va alors de plus en plus vite.

7. 그는 계속해서 '할렐루야'를 외쳤고 말은 점점 속도를 높였다.

▶ 단어와 표현
계속해서 …하다 : continuer à …
'계속해서 할렐루야를 외치다'라고 하면 crier « Alléluia » (sans relâche)가 된다.

속도를 높이다 : prend de la vitesse
점점 더 빨리 달린다는 뜻으로 'avance de plus en plus vite'라고 해도 좋다.

▶ 문장
그는 계속해서 '할렐루야'를 외쳤고 말은 점점 속도를 높였다.
⇒ Il continue à crier « Alléluia » (sans relâche) et le cheval (avance de plus en plus vite / prend de la vitesse).

8. 그러다 갑자기 낭떠러지가 가까워지고 있음을 깨닫고 말을 멈추려 했다.

▶ 단어와 표현

갑자기 : tout à coup

...임을 깨닫다 : se rendre compte que ...

...에 가까워지다 : se rapprocher de ...

절벽 : une falaise

...하려 하다 : essayer de ...

멈추다 : arrêter

arrêter는 타동사로서 목적어를 취한다. '말을 멈추다'라고 하려면 arrêter le cheval이라 하면 된다. 반면에 한국어의 자동사 '멈추다'는 프랑스어에서 대명동사 s'arrêter로 표현된다.

▶ 문장

그러다 갑자기 낭떠러지가 가까워지고 있음을 깨닫고 말을 멈추려 했다.

⇒ Tout à coup, il se rend compte qu'il se rapproche d'une falaise et essaye d'arrêter le cheval,

9. 그러나 너무 당황한 나머지 어떤 말을 외쳐야 할지 생각이 나지 않았다.

▶ 단어와 표현

너무 ~한 나머지 ...하다 : tellement 형용사 que ...

'그는 너무 당황한 나머지 생각이 나지 않았다.'라고 하면 'Il est tellement paniqué qu'il ne peut pas se rappeler'가 된다.

어떤 말을 해야 할지 : ce qu'il doit dire

'내가 어떤 말을 해야 하지?'라고 하면 'Qu'est-ce que je dois dire

?'인데, 이 문장이 다른 문장 내의 절(간접의문절)이 되면 ' ce que je dois dire'가 된다.

나는 내가 어떤 말을 해야 할지 모르겠다.
Je ne sais pas ce que je dois dire.

생각이 나다, 기억하다 : se rappeler, se souvenir de
se rappeler 다음에는 직접목적어를, se souvenir 다음에는 de를 앞세우는 간접목적어를 쓴다.

그는 자기가 무엇을 말해야 할지 기억한다.
Il se rappelle ce qu'il doit dire.
Il se souvient du mot qu'il devait dire.

...하지 못하다 : ne peut pas ..., n'arrive pas à ..., ne parvient pas à ...
이 표현들은 애를 써도 잘 안 되는 상황을 가리킨다.

해 봤는데 안 되더라.
J'ai essayé mais je n'y arrive pas.

▶ **문장**
그러나 너무 당황한 나머지 어떤 말을 외쳐야 할지 생각이 나지 않았다.
⇒ mais il est tellement paniqué qu'il (ne peut pas / n'arrive pas à / ne parvenait pas à) (se rappeler ce qu'il doit dire / se souvenir du mot qu'il devait dire).

10. 말이 점점 속도를 더하여 낭떠러지에 거의 다 오게 되었다.

▶ 단어와 표현
낭떠러지 : une falaise
거의 다 오다 : arriver presque à, se rapprocher de

▶ 문장
말이 점점 속도를 더하여 낭떠러지에 거의 다 오게 되었다.
⇒ Le cheval prend de la vitesse et (arrive presque au bord de la falaise / se rapprochait dangeureusement du bord de la falaise).

11. 그 절체절명의 순간에 그 아랍인은 단어가 떠올라 '아멘'을 외쳤고 말은 기적적으로 낭떠러지의 끝에서 멈추었다.

▶ 단어와 표현
절체절명의 순간에 : à ce moment désespéré, au dernier instant
기적적으로 : miraculeusement
낭떠러지의 끝 : au bord de la falaise.
(그에게) 단어가 떠오르다 : Le mot lui vient à l'esprit / Le mot lui revient en mémoire

그때 내게 말이 생각났어[떠올랐어].
A ce moment-là, le mot m'est venu à l'esprit.
A ce moment-là, le mot m'est revenu en mémoire.

▶ 문장

그 절체절명의 순간에 그 아랍인은 단어가 떠올라 '아멘'을 외쳤고 말은 기적적으로 낭떠러지의 끝에서 멈추었다.

⇒ (C'est à ce moment désespéré / Ce n'est qu'au dernier instant) que (le mot lui vient à l'esprit / le mot lui revient en mémoire), et il crie « Amen » et le cheval s'arrête miraculeusement au bord de la falaise.

12. 그 순간 그는 이 기적에 너무나도 기뻐서 외쳤다.

▶ 단어와 표현

그 순간 : à ce moment-là

너무나도 ~해서 ...하다 : si 형용사 que ...

앞에 나온 'tellement 형용사 que ...'를 써도 좋다.

그는 이 기적에 너무나도 기뻐서 외쳤다.
*Il est (**si** / **tellement**) heureux de ce miracle **qu'**il crie.*

▶ 문장

그 순간 그는 이 기적에 너무나도 기뻐서 외쳤다.

⇒ À ce moment-là, il est si heureux de ce miracle qu'il crie.

C 프랑스어로!

Il était une fois, au Moyen-Orient, un beau cheval de course qui comprenait deux mots : « Alléluia » et « Amen ». (Si vous lui dites / Lorsqu'on lui dit) « Alléluia », (il court / le cheval avance) de plus en plus vite, et (si vous dites / quand on lui dit le mot) « Amen », il s'arrête immédiatement.

Un jour, un Arabe riche achète le cheval. Il monte (sur) le cheval et se met à courir / galoper. En effet lorsqu'il dit « Alléluia », le cheval court / galope de plus en plus vite, et lorsqu'il dit « Amen », il s'arrête immédiatement. (Très content de son cheval / Très satisfait de son acquisition), il crie « Alléluia » au cheval, qui va alors de plus en plus vite. Il continue à crier « Alléluia » (sans relâche) et le cheval (avance de plus en plus vite / prend de la vitesse). Tout à coup, il se rend compte qu'il se rapproche d'une falaise et essaye d'arrêter le cheval, mais il est tellement paniqué qu'il (ne peut pas / n'arrive pas à / ne parvenait pas à) (se rappeler ce qu'il doit dire / se souvenir du mot qu'il devait dire). Le cheval prend de la vitesse et (arrive presque au bord de la falaise / se rapprochait dangeureusement du bord de la falaise). (C'est à ce moment désespéré / Ce n'est qu'au dernier instant) que (le mot lui vient à l'esprit / le mot lui revient en mémoire), et il crie « Amen » et le cheval s'arrête miraculeusement au bord de la falaise. À ce moment-là, il est si heureux de ce miracle qu'il crie : « Alléluia ! »

4. 마크롱과 음바페
Macron et Mbapé

A 한국어로!

엘리제궁 입구에서 마크롱 대통령에게 얼굴이 빨개진 소녀가 다가와서 싸인을 다섯 개 해 달라고 한다.
"그런데 왜 다섯 개지?"하고 마크롱이 묻는다.
"오, 그건 말이죠, 대통령 아저씨 싸인 다섯 개 갖다 주면 음바페 싸인을 하나 주거든요."

B 번역 공부

1. 엘리제궁 입구에서 마크롱 대통령에게 얼굴이 빨개진 소녀가 다가와서 싸인을 다섯 개 해 달라고 한다.

▶ 단어와 표현
엘리제궁 : le Palais de l'Elysée
참고로 미국의 백악관은 'la Maison Blanche'라고 한다.

입구 : l'entrée
'출구'는 'la sortie'라고 한다. 그럼 '출입구'는? 프랑스어에 이런 단어는 없다. 출구와 입구를 겸한다는 뜻인데, 이럴 때는 역시 입구라는 뜻의 'l'entrée'라고 하면 된다.

마크롱 대통령 : le président Emmanuel Macron
얼굴이 빨개진 : rougissant(e)
다가오다, 다가가다 : aborder *qn*
싸인 : un autographe
달라고 하다 : demander
앞서 설명한 대로 '달라고 하다'는 간단히 demander로 옮길 수 있다.

▶ 문장
엘리제궁 입구에서 마크롱 대통령에게 얼굴이 빨개진 소녀가 다가와서 싸인을 다섯 개 해 달라고 한다.
⇒ A l'entrée du Palais de l'Elysée, le président Emmanuel Macron est abordé par une jeune fille rougissante qui lui demande cinq autographes.

2. "그런데 왜 다섯 개지?"하고 마크롱이 묻는다.

▶ 단어와 표현
그런데 왜 다섯 개지? : Et pourquoi cinq ?

▶ 문장
"왜 다섯 개지?"하고 마크롱이 묻는다.
⇒ - Et pourquoi cinq ? demande le président.

3. "오, 그건 말이죠, 대통령 아저씨 싸인 다섯 개 갖다 주면 음바페 싸인을 하나 주거든요."

▶ 단어와 표현
그건 말이죠 : c'est parce que
여기서 '그건 말이죠'는 이유를 설명하는 말이므로, 'c'est parce que'로 옮기면 족하다.

A를 갖다주면 B를 준다 : pour A, on donne B
이 문장에서 주어는 나타나 있지 않다. 이럴 때는 주어를 on으로 쓴다. 또 '...을 갖다 주면'은 그저 '...에 대해'를 뜻하는 전치사 pour로 간단히 표현해 보자.

대통령 싸인 5개에 대해 음바페 거 1개 줘요.
Pour cinq autographes du président, on m'en donne un de Kylian Mbappe.

여기서 en은 autographe를 다시 받은 것이다.

▶ 문장

"오, 그건 말이죠, 대통령 아저씨 싸인 다섯 개 갖다 주면 음바페 싸인을 하나 주거든요."

⇒ - Oh ! C'est parce que pour cinq autographes du président, on m'en donne un de Kylian Mbappe.

C 프랑스어로 !

A l'entrée du Palais de l'Elysée, le président Emmanuel Macron est abordé par une jeune fille rougissante qui lui demande cinq autographes.

- Et pourquoi cinq ? demande le président.
- Oh ! C'est parce que pour cinq autographes du président, on m'en donne un de Kylian Mbappe.

5. 왜 나만 잡아요?
Pourquoi vous n'arrêtez que moi ?

A 한국어로!

한 신사가 과속으로 경찰관에게 붙잡혔다. 하지만 그는 도로에 많은 차들이 자기보다 더 빨리 달리는 것을 보고 자신이 억울하게 걸렸다는 생각이 들었다. 불만을 품고 그는 경찰에게 항의를 한다.
- 아니 저 차들은 제한 속도를 초과하고 있는데 왜 저만 잡아요?
경찰관이 그에게 묻는다.
- 낚시를 해보셨죠?
- 낚시요? 물론 해봤죠.
- 그럼 낚시하실 때 연못에 있는 물고기를 다 잡으시나요?

B 번역 공부

1. 한 신사가 과속으로 경찰관에게 붙잡혔다.

▶ 단어와 표현
한 신사 : un monsieur
경찰관 : un policier, un agent de police
~에게 붙잡히다 : se faire arrêter par ~

'붙잡다'는 뜻의 attraper, arrêter, prendre를 'être + 과거분사' 형태인 수동태로 놓아 être attrapé(e), être arrêté(e), être pris(e)라고 하면 된다. 그러나 프랑스인들은 'se faire + 부정법'의 형태도 매우 많이 쓰니 se faire attraper, se faire arrêter, se faire prendre도 연습하여 써 보자.

과속으로 : pour excès de vitesse

'그가 너무 빨리 차를 몰아서'라는 뜻의 'parce qu'il conduisait trop vite'라고 해도 좋으며 다만 이때 주절이 과거이므로 시제의 일치를 위해 반과거를 써야 함을 잊지 말자.

▶ 문장
한 신사가 과속으로 경찰관에게 붙잡혔다.
⇒ Un monsieur se fait arrêter par un policier pour excès de vitesse.

2. 하지만 그는 도로에 많은 차들이 자기보다 더 빨리 달리는 것을 보고

▶ 단어와 표현
도로에 : sur la route
'도로'를 나타내는 여러 단어들에 전치사가 비교적 고정적이므로 이를 알아두는 것이 좋겠다. sur le boulevard, sur l'avenue이지만 dans la rue라고 한다.

많은 차들 : de nombreuses voitures
자기보다 더 빨리 : plus vite que lui
달리다 : rouler, aller
자동차를 주어로 할 때 '달리다'는 rouler를 쓰는데 단순히 aller도 좋다.

~는 것을 보다 : voire + 명사 + 부정법 동사
voir는 지각동사이므로 이와 같은 구조를 취한다.

나는 차들이 빨리 달리는 것을 본다.
Je vois des voitures aller vite.
Je vois des voitures qui roule vite.

▶ 문장
하지만 그는 도로에 많은 차들이 자기보다 더 빨리 달리는 것을 보고
⇒ Mais il voit de nombreuses voitures aller plus vite que lui sur la route

3. 자신이 억울하게 걸렸다는 생각이 들었다.

▶ 단어와 표현
억울하게 : injustement
'억울하다'는 '부당하다'를 뜻하는 injuste로 표현하면 된다.

억울해요.
C'est injuste ! / Ce n'est pas juste !

그는 억울한 일을 당했어요. → 부당하게 불리하게 되었다
il a été injustement défavorisé [désavantagé]

걸리다, 단속되다 : être interpellé(e)
참고로 교통규칙 위반으로 발급받는 '딱지'[스티커]를 une contravention 혹은 un P-V.(= procès verbal)이라 하는데, '(경찰이) 딱지[스티커]를 떼다'는 mettre un P-V. à qn 혹은 donner une contravention à qn이라 하고 '(운전자가) 딱지[스티커]를 떼이다[발부받다]'는 attraper un P-V[une contravention]라 한다.

경찰이 내게 속도 위반으로 딱지를 뗐다.
Un agent m'a donné une contravention pour excès de vitesse.

나는 속도 위반으로 딱지를 떼였다.
= *J'ai attrapé une contravention pour excès de vitesse.*

▶ 문장
자신이 억울하게 걸렸다는 생각이 들었다.
⇒ croit qu'il a été injustement interpellé.

4. 불만을 품고 그는 경찰에게 항의를 한다.

▶ 단어와 표현
불만을 품고 : mécontent,
~에게 항의를 하다 : protester contre ~
'경찰에게'를 contre le policier라고 해도 되지만 '상대방, 다른 사람'을 뜻하는 l'autre라고 해도 좋다.

▶ 문장
불만을 품고 그는 경찰에게 항의를 한다.
⇒ Mécontent, il proteste contre l'autre.

5. 아니 이 차들은 제한 속도를 초과하고 있는데 왜 저만 잡아요?

▶ 단어와 표현
아니 왜 : mais pourquoi
우리말에서 놀람을 나타낼 때는 '아니'를 쓰듯이, 프랑스어에서도 의문사 앞에 mais를 붙인다.

왜 저만 잡아요? : Pourquoi vous n'arrêtez que moi ?

'나를'을 뜻하는 인칭대명사 me는 동사 앞에만 위치할 수 있는 약세형이다. 그 외의 모든 환경에서는 강세형 moi를 써야 한다. 여기서처럼 '나만을'이라고 하려면 ne ... que moi로 해야 한다.

제한 속도 : la vitesse limite
초과하다 : dépasser

▶ 문장
아니 저 차들은 제한 속도를 초과하고 있는데 왜 저만 잡아요?
⇒ Mais pourquoi vous n'arrêtez que moi, tandis que ces voitures-là dépassent également la vitesse limite ?

6. 낚시를 해보셨죠?

▶ 단어와 표현
낚시 : la pêche
동사 '낚시하다'는 pêcher이다.

~해 보다 : essayer de ~

▶ 문장
낚시를 해보셨죠?
⇒ Vous avez essayé de pêcher ?

7. 물론 해봤죠.

▶ 단어와 표현

물론이다 : Bien sûr que oui

'Bien sûr!'만 해도 되나 뒤에 oui, si, non을 써서 분명히할 수 있다. 따라서 '물론 아니다'는 'Bien sûr que non !'이다.

▶ 문장

물론 해봤죠.

⇒ Bien sûr que oui !

8. 그럼 낚시하실 때 연못에 있는 물고기를 다 잡으시나요?

▶ 단어와 표현

연못 : un étang

물고기 : un poisson

잡다 : attraper

▶ 문장

그럼 낚시하실 때 연못에 있는 물고기를 다 잡으시나요?

⇒ Alors, quand vous pêchez, est-ce que vous attrapez tous les poissons dans l'étang ?

C 프랑스어로 !

Un jour, un monsieur se fait arrêter par un policier pour excès de vitesse. Mais il voit de nombreuses voitures aller plus vite que lui sur la route et croit qu'il a été injustement interpellé. Mécontent, il proteste contre l'autre.

- Mais pourquoi vous n'arrêtez que moi, tandis que ces voitures-là dépassent également la vitesse limite ?

L'agent lui demande :

- Vous avez essayé de pêcher ?
- Pêcher ? Bien sûr que oui.
- Alors, quand vous pêchez, est-ce que vous attrapez tous les poissons dans l'étang ?

6. 카페「사무실」
Café *Le Bureau*

A 한국어로!

Eric은 매일같이 출근해야 하는 자신의 직장에 진력이 났다. 그는 오직 한 가지 생각밖에 없다. 카페를 하나 차리는 것이다. 그는 친구 Max에게 이렇게 설명한다.

"있잖아, 내 카페 말이야, 진짜 기분 좋은 곳이라는 느낌을 주기 위해서「좋은 친구들에게」라고 할 거야.

Max는 "그래가지고 되겠니, 차라리「사무실」이라고 해야 해." 라고 대답한다.

"야 너 미쳤니? 사람들이 카페에 오는 건, 사무실을 잊어 버리기 위해서야."

"너 하나만 알고 둘은 모르는구나. 네 카페를「사무실」이라고 하면 남자들이 와서 하루 종일 죽치다가 저녁 때 집에 돌아가서 마누라가 어디서 오는 거냐고 물을 때「사무실에서」라고 대답할 수 있잖아!"

B 번역 공부

1. Eric은 매일같이 출근해야 하는 자신의 직장에 진력이 났다.

▶ 단어와 표현

...에 진력이 났다 : en avoir assez de ...
자신의 직장 : son travail
'직장'을 어렵게 생각할 필요가 없다. '일'을 뜻하는 travail가 그대로 '직장'이라는 뜻을 가지므로.

출근하다 : aller au travail
출근해야 하는 직장 son travail où il faut aller
직장'에' 출근하는 것이므로 관계대명사로는 '장소'를 나타내는 où를 쓴다.

매일같이→매일 : tous les jours

▶ 문장
Eric은 매일같이 출근해야 하는 자신의 직장에 진력이 났다.
⇒ Eric en a assez de son travail où il faut aller tous les jours.

2. 그는 오직 한 가지 생각밖에 없다. 카페를 하나 차리는 것이다.

▶ 단어와 표현

오직 한 가지 생각밖에 없다 → 오직 하나에 대해서만 생각한다 : ne rêver que d'une chose

'생각하다'는 penser나 croire를 쓰면 되겠지만, 여기서는 문맥상 욕구한다는 뜻이므로 이럴 경우 프랑스어에서 전형적으로 쓰는 동사인 rêver가 적당하겠다.

카페를 하나 차리다 → 카페를 하나 오픈하다 : ouvrir un café

▶ 문장

그는 오직 한 가지 생각밖에 없다. 카페를 하나 차리는 것이다.
⇒ Il ne rêve que d'une chose : ouvrir un café.

우리말은 두 문장이어서 마침표(.)로 분리되어 있는 문장이라도 전후관계로 보아 뒷문장이 앞문장을 설명하고 있는 것이라면 deux points(:)을 찍도록 한다. 우리말에서는 이 deux points을 노트 필기나 설명 자료 등에서밖에 안 쓰지만 프랑스어에서는 실제 문장에서도 폭넓게 사용한다.

3. 그는 친구 Max에게 이렇게 설명한다.

▶ 단어와 표현

설명하다 : expliquer

친구 : un ami(남자), une amie(여자); 「구어」 copain(남자),
  copine(여자); 「속어」 un pote

'친구'는 'ami(e)'라고 하면 되지만 구어에서는 copain(남성), copine(여성)이라고 한다. 다만 '여자친구', '남자친구', 즉 애인이라는 뜻도 가지고 있어 사용상의 주의를 요한다.

  - 저 남자, 누구야?
  = *Qui est ce mec-là?*
  - 그냥 친구야.
  = *C'est juste un copain.*

pote는 속어적 표현으로 친한 사이의 친구를 뜻하는데, 남성형만 있다.

▶ 문장

그는 친구 Max에게 이렇게 설명한다.

⇒ Et il explique à son copain Max :

'이렇게 설명한다'라고 하고 설명의 내용이 뒤에 나올 때는 '이렇게'를 굳이 옮기지 말고 앞서 말한 deux points을 쓰면 그만이다.

4. 있잖아, 내 카페 말이야, 진짜 기분좋은 곳이라는 느낌을 주기 위해서「좋은 친구들에게」라고 할 거야.

▶ 단어와 표현

있잖아 : tu vois

상대의 주목을 끌기 위해 말을 꺼낼 때 우리는 흔히 '있잖아' / '있잖아요'라는 표현을 쓴다. 이럴 때 프랑스인들은 'tu vois' / 'vous voyez'를 즐겨 쓴다.

기분좋은 : sympathique

어떤 장소가 기분좋은 곳이라고 말할 때 흔히 쓰는 형용사는 sympathique이다. 이것은 사람에 대해서도 '기분좋은[사람좋은]'이라는 뜻으로도 매우 자주 쓰인다. 속어에서는 줄여서 sympa라고도 한다.

...라는 느낌을 주기 위해서 → ...임을 보여주기 위해서 : pour montrer que ...

'...라는 느낌을 주기 위해'는 '...임을 보여주기 위해'로 표현하는 것이 좋겠다. 즉 'montrer que ...'로 하면 좋겠다.

...라고 하다 → ...라고 부르다 : appeler+명사+ ...

「좋은 친구들에게」라고 할 거야 : je l'appellerai: ≪Aux Bons Amis≫.

▶ 문장

있잖아, 내 카페 말이야, 진짜 기분좋은 곳이라는 느낌을 주기 위해서 「좋은 친구들에게」라고 할 거야.

⇒ Tu vois, mon café, pour montrer qu'il est vraiment sympathique, je l'appellerai: ≪Aux Bons Amis≫.

5. Max는 "그래가지고 되겠니, 차라리 「사무실」이라고 해." 라고 대답한다.

▶ 단어와 표현

그래가지고 되겠니 : surtout pas, certainement pas, absolument pas
'그래가지고 되겠니'는 '절대 안 돼'를 뜻하는 이들 표현으로 돌려 쓴다.

차라리 : plutôt

사무실 : un bureau
하나의 '사무실'은 'un bureau'이지만, 간판 이름은 고유명사이므로 정관사를 붙이고 대문자로 하여 ≪Le Bureau≫라고 해야 한다.

...해야 해 : (il) faudrait + 부정법
'...해야 해'는 'il faut'인데, 이것은 명령조로 들릴 수도 있다. 그럴 땐 항상 조건법을 써서 어조를 부드럽게 할 수 있다. 따라서 'il faudrait'. 그런데 속어에서는 이 같은 il을 안 쓸 수 있다. 그래서 그냥 faudrait를 쓸 수도 있다.

그 카페를 「사무실」이라고 하다[부르다] : appeler le café ≪Le Bureau≫
...라고 대답한다 : ..., lui répond Max,
'...라고 말하다'라는 표현을 프랑스어로 옮길 때는 원칙적으로 3가지 어순이 가능하다. (1) 주절 뒤에 인용문을 쓰는 어순, (2) 주절 앞에 인용문을 쓰는 어순, (3) 주절을 인용문 사이에 삽입하는 어순이 그것들이

다. 그런데 이 때 주의해야 할 점은 (2)와 (3)같이 인용문이 주절보다 앞서는 경우에는 주절의 주어와 동사를 도치해야 한다는 것이다.

(1) 주어+동사 : "인용문 전체"
(2) "인용문 전체", **동사+주어**
(3) "인용문 일부", **동사+주어**, "인용문 일부"

따라서 「"…"라고 Max가 대답한다」를 프랑스어로 옮기면 다음 3가지 방식이 가능하다.

(1) *Max lui répond : …*
(2) *- …, lui répond Max.*
(3) *- …, lui répond Max, …*

그런데 프랑스어에서는 주절이 인용문 사이에 끼어 들어가는 구문을 즐겨 사용하는 경향이 있다. 따라서 여기서는 (3)번 방식으로 옮겨 보도록 하자.

▶ 문장
Max는 "그래가지고 되겠니, 차라리 「사무실」이라고 해야 해." 라고 대답한다.
⇒ Surtout pas, lui répond Max, faudrait plutôt l'appeler ≪Le Bureau≫.

6. "야 너 미쳤니? 사람들이 카페에 오는 건, 사무실을 잊어 버리기 위해서야."

▶ 단어와 표현
미치다 : être fou [folle]

야 너 미쳤니? : Mais t'es fou ?

놀람을 뜻하는 의문문에서는 Mais를 앞세워서 강조할 수 있다. 'tu es'는 속어에서는 't'es'로 줄여 쓴다.

A하는 것은 B이기 때문이다 : Si A, c'est (pour / que) B

이런 문형은 프랑스어로 기계적으로 이렇게 옮기도록 연습해 두자. 여기서 B가 명사나 부정법이면 pour를 쓰고, 절이면 que를 쓴다.

사람들이 카페에 오는 건 : *Si les gens viennent au café*
사무실을 잊어 버리기 위해서야 : *c'est pour oublier le bureau*

▶ **문장**
"야 너 미쳤니? 사람들이 카페에 오는 건, 사무실을 잊어 버리기 위해서야."
⇒ Mais t'es fou ? Si les gens viennent au café, c'est pour oublier le bureau !

7. "너 하나만 알고 둘은 모르는구나.

▶ **단어와 표현**

하나만 알고 둘은 모르다 → 코끝보다 멀리 못 보다 :
ne pas voir plus loin que (le bout de) son nez

생각이 짧다든가 근시안적인 시각을 갖고 있다는 의미로 우리는 흔히 '하나만 알고 둘은 모른다'고 한다. 이런 경우 프랑스어로는 '코끝보다 멀리 못 본다'는 의미의 'ne pas voir plus loin que (le bout de) son nez'를 쓴다.

▶ 문장
"너 하나만 알고 둘은 모르는구나.
⇒ Tu ne vois pas plus loin que ton nez !

8. 네 카페를 「사무실」이라고 하면 남자들이 와서 하루 종일 죽치다가 ...

▶ 단어와 표현
사람들 : les hommes, les gars(속어)
하루 종일 : toute la journée
죽치다 : prendre racine + 장소

한 장소에 너무 오래 머무는 행위를 속어로 '죽치다'라고 하는데, 프랑스어에는 여기에 해당하는 표현으로 '뿌리를 내리다'는 뜻의 'prendre racine'이 있다. 회화할 때 이같은 표현이 떠오르지 않으면 공연히 우물쭈물하지 말고 비슷한 표현으로 돌려서 말할 줄 알아야 한다. 예컨대 '오후를 보내다'는 정도의 'passer l'après-midi'로 말이다.

▶ 문장
네 카페를 「사무실」이라고 하면 남자들이 와서 하루 종일 죽치다가 ...
⇒ Si tu appelles ton café ≪Le Bureau≫, les gars pourront y prendre racine toute la journée et ...

9. 저녁 때 집에 돌아가서 마누라가 어디서 오는 거냐고 물을 때 「사무실에서」라고 대답할 수 있잖아 !

▶ 단어와 표현
저녁 때 : le soir
집에 돌아가다 : rentrer chez soi

어디서 오는 거냐 : d'où viens-tu ?
'...에서 오다'는 'venir de ...'. 따라서 '어디에서'는 'd'où'가 된다.

어디서 오는 거냐고 → 그들이(=남편들이) 어디서 오는 거냐고 :
   d'où ils viennent
여기서처럼 의문문이 다른 문장의 한 성분이 되었을 때(이를 '간접의문절'이라고 함)는 도치가 풀어져서 「주어+동사」의 어순이 된다.

...라고 대답할 수 있다 : pouvoir répondre : ...
「사무실」에서 : du ≪Bureau≫

▶ 문장
저녁 때 집에 돌아가서 마누라가 어디서 오는 거냐고 물을 때 「사무실에서」라고 대답할 수 있잖아!"
   ⇒ en rentrant chez eux, le soir, quand leurs femmes leur demanderont d'où ils viennent, ils pourront répondre : du ≪Bureau≫ !

프랑스어로!

Eric en a assez de son travail où il faut aller tous les jours. Il ne rêve que d'une chose: ouvrir un café. Et il explique à son copain Max:
- Tu vois, mon café, pour montrer qu'il est vraiment sympathique, je l'appellerai: «Aux Bons Amis».
- Surtout pas, lui répond Max, faudrait plutôt l'appeler «Le Bureau».
- Mais t'es fou ? Si les gens viennent au café, c'est pour oublier le bureau !
- Tu ne vois pas plus loin que ton nez ! Si tu appelles ton café «Le Bureau», les gars pourront y prendre racine toute la journée, et en rentrant chez eux, le soir, quand leurs femmes leur demanderont d'où ils viennent, ils pourront répondre: du «Bureau» !

연습문제

연습 문제

1. 거래

Un marché

꼬마 Luc이 집으로 갖고 오는 성적표 때문에 식구들이 실망한다. 어느 날, Luc의 아빠는 화를 내는 것은 더 이상 효과가 없다고 생각하고 아들에게 거래를 제의한다.

"잘 들어라 내 아들아, 학교를 그만 다니게 하기 전에 마지막으로 한 번 더 기회를 주고 싶다. 주말에 학교에서 성적이 좋게 나올 때마다 6유로씩 주마, OK?"

꼬마 Luc은 물론 동의한다. 다음 날 교실에 들어가자마자 선생님한테 가서 이렇게 묻는다.

"선생님, 매주 3유로씩 버는 일에 관심 있으세요?"

〈참고〉

* 성적표 : un bulletin scolaire
* 가지고 오다 : rapporter
* 꼬마 Luc : le petit Luc
* 실망시키다 : décevoir
* ...하는 데 소용이 있다 : servir à ...
* 화를 내다 : se fâcher
* ...에게 ...을 제의하다 : proposer qc à qn
* 거래 un marché
* 기회를 주다 : donner une chance à qn
* 학교를 그만 다니게 하다 : retirer qn de l'école
* ...할 때마다 : chaque fois que ...
* 가지고 오다 : ramener

* 학교에서 성적이 좋게 나오다 → 좋은 성적표를 가져오다 :
  rapporter[ramener] un bon bulletin de l'école
* 주말 : la fin de la semaine
* OK? : d'accord ?
* 교실에 오자마자 : aussitôt arrivé en classe
* (초등학교) 선생님 : un maître, une maîtresse
* ...것에 관심이 있으세요? : Ça vous intéresserait de ...

2. 브레이크가 나갔을 땐
Quand les freins lâchent

남편이 아내에게 운전을 가르친다. 차가 내리막길에 들어서자 갑자기 브레이크가 파열된다.
"어머나, 차가 안 서요. 어떡해요?"
"어떡하긴 뭘 어떡해? 침착하게 싼 데다가 박아."

〈참고〉
* ...에게 ...하는 것을 가르치다 : apprendre à 부정법 à qn
* 내리막길 : une descente
* 갑자기 : tout d'un coup
* 브레이크 : les freins (항상 복수로)
* (기계·부품이) 망가지다 : lâcher (속어), être en panne (일반구어)
* 어머나 : Mon Dieu !
* 차가 안 서요 → 나는 (차를) 멈출 수 없다
* 어떡하긴 뭘 어떡해? : Quelle question !
* 침착하다 : garder son sang-froid
* 충돌하다, 박다 : défoncer
* 싸다 : bon marché

3. 정확하게
Exactement

국립실업자관리청 직원이 *Dupont*의 옛 사장에게 전화를 한다.
"*Dupont*씨가 그 회사에서 정확히 얼마 동안 일을 했는지 알려주실 수 있습니까?"
"예, 그 친구 정확히 6일 일했어요."
"뭐라구요? 제가 그 사람을 방금 만났는데, 그 회사에서 2년 동안 근무했다고 하던데요."
"맞아요, 하지만 저한테 그 사람이 우리 회사에서 '정확히' 얼마동안 일을 했는지를 물으셨잖아요?"

〈참고〉
* 직원 : un employé, une employée
* 국립실업자관리청 : l'ANPE (Agence nationale pour l'emploi)
* 옛 사장 : l'ancien patron
* 정확히 : exactement
* 얼마 동안 : combien de temps
* 그 회사에서 → 당신의 회사에서 : chez vous
* 뭐라구요? : Comment ? / Pardon ?
* 맞아요 : C'est exact.

4. 어떤 동작이 가장 아프세요?
Quel geste vous fait le plus souffrir ?

*Mac*는 병원으로 긴급후송되고 있다. 의사가 그에게 몇 가지 질문을 한다.
"팔을 움직이는 게 힘드세요?"
"네, 선생님, 관절이 안 아픈 데가 없어요."

"음... 급성 류마티즘인 것 같군요. 어떤 동작이 가장 아프세요?"
"지갑을 여는 동작이요."

〈참고〉
* 긴급후송되다 → 긴급하게 옮겨지다 : être transporté d'urgence
* 질문을 하다 : poser une question à *qn*
* ...하는 것이 힘들다 : avoir du mal à 부정법,
　　　　　　　　　　avoir des difficultés à 부정법
* 움직이다 : bouger
* 관절 : des articulations
* 안 아픈 데가 없어요.→ 모든 곳이 아파요
* 음... : Hmm...
* 류마티즘 : une crise (rhumatismale / de rhumatisme)
* 급성 : aigu(남성), aiguë(여성)
* 어떤 동작 : quel geste
* 가장 아프다 : avoir le plus mal
* 지갑 : un portefeuille

5. 여행객 두 사람이 길을 잃었다.

　　　Deux touristes sont égarés.

* 스코틀랜드 사람들은 구두쇠로 알려져 있다.

여행객 두 사람이 길을 잃었다. 한 농가에서 농부에게 말을 건다.
"잉글랜드하고 스코틀랜드의 국경이 분명치 않군요. 여기가 잉글랜드인가요, 스코틀랜드인가요?"
"그거 가르쳐 드리면 얼마 주실래요?"
"아, 됐어요, 알겠군요. 우리가 스코틀랜드에 왔군요."

〈참고〉

* 여행객 : un touriste, une touriste
* 길을 잃다 : s'égarer, être égaré(e)
* 농가 : une ferme
* 말을 걸다 : s'adressent à *qn*
* 국경 : la frontière
* 잉글랜드 : l'Angleterre
* 스코틀랜드 : l'Écosse
* 분명하다 : évident(e)
* 여기가 스코틀랜드인가요? : Nous sommes en Écosse ?
* 얼마 주실래요? : Vous me donnez combien ?
* 됐어요 : Ça va.

6. 어떻게 하셨길래 이렇게 되었나요?

Qu'est-ce que vous lui avez fait ?

한 남자가 일그러진 얼굴로 보석상에 들어가서 시계를 내민다.
"이 시계 좀 고쳐 주실 수 있어요?"
"이거 어떻게 하셨길래 이렇게 되었나요?"
"잘못해서 길에 떨어뜨렸는데 버스가 그 위를 지나가 버렸어요..."
"제 생각엔 그걸 다시 주워들고 오신 게 잘못인 것 같군요."

〈참고〉

* 보석상 : le bijoutier
* 일그러진 얼굴로 : la mine défaite
* 내밀다 : tendre *qc* à *qn*
* 고치다 : réparer
* 이거 어떻게 한 거예요? : Qu'est-ce que vous lui avez fait ?

* 잘못해서 ...하다 : avoir le tort de ...
* 떨어뜨리다 : laisser tomber *qc*
* 길에 : dans la rue
* 위를 지나가다 : passer dessus
* 제 생각엔 : je crois que ...
* 줍다 : ramasser *qc*

7. 언제부터 그랬나요?

Ça remonte à quand ?

"자신을 암탉이라고 (생각하신 / 상상하신) 지가 오래 되었나요?"하고 심리치료사가 묻는다.
"그러니까, 제가 햇병아리였을 때부터예요."

〈참고〉
* 오래 되었나요? : Ça fait longtemps ?
* 심리치료사 : un psychiatre
* A를 B로 착각하다 : prendre A pour B
* 암탉 : une poule, 수탉 : un coq
* ...때부터다, ...로 거슬러올라가다 : remonter à ...
* 병아리 : un poussin. '병아리'는 성 구분 없이 항상 남성으로 쓴다.

8. 신부님, 지옥에 가다

Un prêtre en enfer

한 신부님과 버스 기사가 교통사고로 죽었다. 하늘나라에 가 보니 하나님이 이들을 기다리고 있다. 하나님은 기사를 천당에 보내고 신부님을 지옥에 보낸다.

신부님이 분개하며 항의를 한다.
"어떻게 저희를 죽게 만든 저 기사놈을 천당에 보내시고 평생을 당신께 바친 저를 지옥으로 내던지실 수 있습니까?"
하나님이 신부님에게 대답한다.
"이유는 간단하다. 저 친구가 운전할 때는 모든 사람들이 기도를 했는데, 네가 미사를 할 때는 모든 사람들이 자지 않았느냐!"

〈참고〉
- 신부님 : un prêtre
- 기사 : chauffeur, 기사놈(경멸적) : un chauffard
- 교통사고 : un accident de la circulation, un accident de la route
- 하늘나라 : le Ciel
- 천국 : le paradis
- 지옥 : l'enfer
- 분개하다 : être indigné(e)
- 항의하다 : protester
- 어떻게 ...하실 수 있습니까? → ...하다니 어떻게 된 겁니까? : Comment se fait-il que ...
- 평생을 바치다 : consacrer toute ma vie
- 내던지다 : jeter
- 기도하다 : prier
- (신부가) 미사를 집전하다 : dire[célébrer] la messe
  (신도가) 미사를 드리다[봉헌하다] : assister à la messe

9. 그거야 당연하죠.

C'est normal.

현장감독이 Jean-Paul에게 지적한다.
"거 참 이상하군. 자넨 아침마다 꼴찌로 오면서 저녁 땐 왜 제일 먼저 집에 가는 건가?"

"그거야 당연하죠. 항상 꼴찌를 할 수는 없잖아요."

〈참고〉

* 이상하다 : être bizarre
* 지적하다 : faire remarquer, signaler
   cf. 그 친구에게 잘못을 지적해 주었지.
      = Je lui ai fait remarquer son erreur.
* 현장감독 : un contremaître
* ...하는 데 일등이다 : être le premier[la première] à 부정법
  ...하는 데 꼴찌다 : être le dernier[la dernière] à 부정법
* 당연하다 : C'est normal.

10. 옆집 아주머니한테 가 보세요.

Allez donc voir ma voisine.

진공소제기 외판원이 영자네 집에 벨을 누른 뒤, 최신 모델의 장점에 대해 허풍을 떤다.
그러자 영자가 말한다.
"마침 잘 오셨어요. 옆집 아주머니한테 가 보세요. 제가 보기엔 그 집 청소기가 며칠 전부터 작동이 잘 안 되더더라구요. 제가 그 아주머니 것을 빌려 쓸걸랑요."

〈참고〉

* 외판원 : un représentant (de commerce) (여성형은 거의 안 쓰임)
* 진공소제기 제조 회사 외판원 : un représentant d'une société de construction d'aspirateurs, un représentant en aspirateurs
* ...에게 ...에 관해 허풍떨다 : vanter *qc* à *qn*
* 장점 : les qualités

* 최신 모델 : le tout dernier modèle
* 마침 잘 오셨습니다 : Vous tombez bien.
* 옆집 아주머니, 이웃집 여인 : la voisine de *qn*
* ...에게서 ...을 빌리다 : emprunter *qc* à *qn*

11. 너는 그게 기쁘지 않니?

Ça ne te fait pas plaisir?

두 친구가 만난다.
"너 걱정이 있는 것 같구나, 일이 잘 안 되니?"
"아니, 곧 내 아이가 태어날 거야."
"그런데 그게 기쁘지 않단 말이야?"
"아니지, 그게 아니라 이걸 우리 집사람한테 어떻게 얘기해야 할지 모르겠단 말이야."

〈참고〉

* (서로) 만나다 : se retrouver
* 걱정이 있다 : être préoccupé(e)
* ...것 같다, ...처럼 보이다 : avoir l'air + 형용사
* 내 아이가 태어날 거야 : J'attends un enfant.
* ...를 기쁘게 하다 : faire plaisir à *qn*

12. 정신병자와 신경증 환자의 차이점

Différence entre un psychotique et un névrosé

"정신병자와 신경증 환자가 무슨 차이가 있습니까?"
정신분석의가 대답하기를, "그 문제에 관해서는 많이 생각을 해 봤습니다. 만일 정신병자에게 2+2가 뭐냐고 물으면 5나 6이라고 대답하겠

지만, 반면에 신경증 환자는 *2+2가 4라는* 것을 잘 알고 있지요. 다만 신경증 환자는 그 사실을 참지 못하는 거죠.

〈참고〉
- 정신병자 : un(e) psychotique
- 신경증 환자 : un(e) névrosé(e)
- ...에 관해서 깊이 생각하다[숙고하다] : réfléchir à[sur] qc
- 2+2는 얼마인가? : Combien font 2 plus 2 ?
- ...인 반면 : tandis que ...
- 참다 : supporter

13. 난산(難産)

Un accouchement difficile

난산이었다. 마침내 의사가 아이를 꺼내 들고는 엉덩이를 때리고 흔들어 보니 아이가 주먹을 꼭 쥐고 있는 것이 보인다.
그래서 힘껏 아이의 손을 펴 보니 그 안엔 피임약이 있었다.

〈참고〉
- 분만 : accouchement
- 꺼내다, 끄집어내다 : extraire
- ...를 손바닥으로 때리다 : donner des claques à qn
- 흔들다 : secouer
- 주먹을 (꼭) 쥐고 있다 : garder le poing (obstinément) fermé
- 펴다 : déplier. cf. 접다 : plier.
- 힘껏 : de force
- 피임약 : une pilule

14. 파리 사람과 스위스 사람

Un Parisien et un Suisse

매우 바쁜 한 빠리 사람이 스위스 로잔느의 구두방에 들어와서는 엄청나게 빨리 쏘아댄다.
"제 오른 쪽 구두짝 때문인데요, 못 두 개를 다시 박아야 되요. 저 무진장 급해요. 20분 후에 기차를 타야 하거든요. 자, 신발을 벗을테니 받으세요. 못 두 개 박아 주시고 돌려 주세요. 자 돈 여기 있구요, 저 갑니다. 너무 너무 늦었거든요."
그러자 구두수선공은 매우 천천히 눈을 들어 그 손님을 보더니 이렇게 말한다.
"어서 오세요."

〈참고〉
* débiter (경멸적으로) 떠들어대다.

연습 문제 풀이

1. 거래

Un marché

Les bulletins scolaires que rapporte le petit Luc à la maison ont déçu la famille. Un jour, le père de Luc pense qu'il ne sert plus à rien de se fâcher et propose à son fils un marché:

- Écoute bien, mon petit, je veux bien te donner une dernière chance avant de te retirer de l'école; chaque fois que tu me (rapporteras / ramèneras) un bon bulletin de l'école à la fin de la semaine, je te donnerai six euros, d'accord ?

Le jeune Luc est bien évidemment d'accord. Le lendemain, aussitôt arrivé en classe, il va voir son maître et lui demande:

- Ça vous intéresserait de gagner trois euros par semaine ?

2. 브레이크가 나갔을 땐

Quand les freins lâchent

Un mari apprend à conduire à sa femme. La voiture (se met / est) dans une descente et tout d'un coup les freins lâchent.

- Mon Dieu ! Je ne peux plus (m'arrêter / arrêter la voiture) ! Qu'est-ce qu'il faut faire ?

- Quelle question ! Garde ton sang-froid et (tâche / essaye) de défoncer quelque chose qui soit bon marché ...

3. 정확하게

Exactement

Un employé de l'ANPE téléphone à l'ancien patron de Dupont:
- Pourriez-vous m'indiquer combien de temps exactement M. Dupont a travaillé chez vous ?
- Oui: il a travaillé exactement six jours.
- Comment ? Mais je viens de le voir et il m'a affirmé qu'il avait été chez vous pendant deux ans.
- C'est exact, mais vous m'avez demandé combien de temps exactement il avait travaillé chez moi..

4. 어떤 동작이 가장 아프세요?

Quel geste vous fait le plus souffrir ?

Mac est transporté d'urgence à l'hôpital. Le médecin lui pose quelques questions.
- Avez-vous (des difficultés / du mal) à bouger vos bras?
- Oui, docteur, j'ai mal dans toutes les articulations.
- Hmm... probablement une crise (rhumatismale / de rhumatisme) aiguë. (Et quel geste vous fait le plus souffrir ? / Vous avez le plus mal quand vous faites quel geste ?)
- (Ouvrir mon portefeuille, docteur. / Quand j'ouvre mon portefeuille, docteur.)

5. 여행객 두 사람이 길을 잃었다.

Deux touristes sont égarés.

Deux touristes sont égarés. Dans une ferme, ils s'adressent au paysan :
- *La frontière entre l'Angleterre et l'Écosse n'est pas évidente. Pouvez-vous nous dire si nous sommes en Écosse ?*
- *Vous me donnez combien pour ce renseignement ?*
- *Bon, ça va, j'ai compris. Nous sommes arrivés en Écosse.*

6. 어떻게 하셨길래 이렇게 되었나요?

Qu'est-ce que vous lui avez fait ?

Un homme entre chez le bijoutier, la mine défaite, et lui tend une montre.
- *Est-ce que vous pourriez me la réparer ?*
- *Qu'est-ce que vous lui avez fait ?*
- *J'ai eu le tort de la laisser tomber dans la rue et l'autobus est passé dessus...*
- *Je crois que vous avez surtout eu le tort de la ramasser.*

7. 언제부터 그랬나요?

Ça remonte à quand ?

- *Ça fait longtemps, demande le psychiatre, que (vous vous prenez pour une poule / vous vous imaginez être une poule) ?*
- *Ben, ça remonte à quand j'étais un poussin...*

8. 신부님, 지옥에 가다

Un prêtre en enfer

Un prêtre et un chauffeur de bus meurent dans un accident de la circulation. Ils arrivent au Ciel où Dieu les attend. Celui-ci décide d'envoyer le chauffeur au paradis et le prêtre en enfer.
Ce dernier, indigné, proteste:
- Comment se fait-il que vous envoyez au paradis ce chauffard qui nous a tué, tandis que moi, qui vous ai consacré toute ma vie, vous me jetez en enfer !
Dieu lui répond:
- La raison est simple: lorsque lui conduisait, tout le monde priait; alors que, quand tu disais la messe, tout le monde dormait.

9. 그거야 당연하죠.

C'est normal.

- C'est bizarre, fait remarquer le contremaître à Jean-Paul, vous êtes toujours le dernier à arriver le matin, mais vous êtes toujours le premier à rentrer chez vous le soir.
- C'est normal: je ne peux pas me permettre d'être toujours le dernier !

10. 옆집 아주머니한테 가 보세요.

Allez donc voir ma voisine.

Un représentant en aspirateurs sonne chez Yongja pour lui vanter les qualités du tout dernier modèle.
- Vous tombez bien, lui répond celle-ci. Allez voir ma voisine: je trouve

que son aspirateur ne marche plus très bien depuis quelques jours. Je lui emprunte toujours le sien.

11. 너는 그게 기쁘지 않니?
Ça ne te fait pas plaisir?

Deux amis se retrouvent.
- Tu as l'air préoccupé, ça ne va pas, ton travail ?
- Si, mais j'attends un enfant.
- Et ça ne te fait pas plaisir ?
- Si, mais je ne sais pas comment dire ça à ma femme.

12. 정신병자와 신경증 환자의 차이점
Différence entre un psychotique et un névrosé

- Quelle différence y a-t-il entre un psychotique et un névrosé ?
- J'ai beaucoup réfléchi à la question, répond le psychanalyste. Si vous demandez à un psychotique combien font 2 plus 2, il pourra vous répondre 5 ou 6, tandis que le névrosé sait, lui, que 2 et 2 font 4, mais il ne peut pas supporter.

13. 난산(難産)
Un accouchement difficile

C'était un accouchement très difficile. Enfin le médecin réussit à l'extraire, il lui donne des claques, il le secoue et il constate que le bébé garde le poing obstinément fermé.

Alors il lui déplie la main de force et dedans, il y a une pilule.

14. 파리 사람과 스위스 사람

Un Parisien et un Suisse

Un Parisien très affairé entre dans la boutique d'un cordonnier de Lausanne et il lui débite à toute vitesse:
- C'est pour ma chaussure droite. Il faut remettre deux clous. Je suis (très / 속어적<u>vachement</u>) pressé. Je prends le train dans vingt minutes. Tenez, je me déchausse. Vous prenez la chaussure. Vous plantez les deux clous. Vous me la rendez. Je vous paie et je m'en vais. Je suis horriblement en retard!
Alors le cordonnier lève les yeux sur son client très lentement et il dit:
- Entrez...

유머로 배우는 프랑스어

초판 1쇄 인쇄 • 2023년 8월 28일
초판 1쇄 발행 • 2023년 9월 04일
지은이 • 박만규
표지디자인 • 박민혜 / 인쇄 • 동남문화사
발행처 • 도서출판 씨엘 / 발행인 • 박만서
출판등록 • 제2022-000048호(2022.10.20)
서울시 강북구 삼양로 438 한일빌딩 3층
전화 • 02-992-0077 / 팩스 • 02-992-0045
e-mail : cielpak@naver.com

값은 뒤표지에 있습니다
저작권자 ⓒ 2023 박만규
ISBN 978-89-88476-14-7 (13760)